老いの戒め

下重暁子

集英社文庫

はじめに――自分を戒《いまし》めて年とともに器量よしに

老いから我が身を戒める

らくだ色の膝かけと筆箱が贈られてきた。

「長寿のお祝いに」とある。何かの間違いではないかと思った。私の属している会に問い合わせると、間違いではないという。

「今年、喜寿になられる方にお贈りしています」という。「私が喜寿？」驚いてよく考えると確かに今年七十七歳になる。ということは喜寿。この日本語のニュアンスは、長寿を祝う意がある。しかし、今、日本女性の平均寿命は八十六・三六歳（二〇一三年三月時点）である。そこまでまだ十年ある。七十七が長寿という感覚は、私には全くない。今や九十近くならないと長寿とは言わないだろう。言葉と時代がずれている。

「ともかく会にいらしてください」

とのことで出かけてみると、赤いリボンをつけ、用意された部屋で一人ひとり記念撮影、後で今年長寿の仲間入りした全員で集合写真を撮るというので、途中で失礼して帰ってきてしまった。

なぜ世の中では、人の年齢を勝手に区切って名付けるのだろう。「後期高齢者」「長寿会員」。放っておいてほしい。私の年齢は私が決める。他から、特に国や他人様《ひとさま》から決められたくはない。

長寿という枠に入れておけば、暴走せず安心なのだろうか。こう言うからには、私自身が、その枠内の年齢に見えてはならない。他人から長寿だの老いだのを見つけられてはならない。同年代の人々をよく観察し、老いから我が身を戒めておかねばならない。

年とともに器を少しずつ大きくして

「変わらないわね」などと言われていい気になってはいけない。人のふり見てわがふり直せ。まずは、細かな一つ一つの仕草から考え方、私がそうなりたくない徴候を他人の中に見つけ、どうやって除けばいいか、意識しておく。この本はそのために書いた。私への戒めである。

年をとったら器量よしになりたい。器量とは外見のことではない。その人の持つ器、心の大きさ、美しさである。年とともに器を少しずつ大きくしていき、その中につめ込むものを豊かにしたい。

自分を戒めて年とともに器量よしになる。おめでたい私はそう決めている。そのための努力をはじめたい。七十七歳はたまたま世の中の区切りの年らしいが、私にとっては、出発の年。らくだ色の膝かけも筆箱もそのためにあると思えば、役に立つ。

戒めという言葉はきつく感じられるかもしれないが、もし自分の中にその徴候を見つけたら悩んだりせずに、笑いとばしてほしい。私も自分にあてはまるものが見つかると、人前で笑い話にする。その後で一人になって秘かに対策を考える。

私の老いの戒めにつき合っていただきありがとうございました。

二〇一三年五月二十九日

下重暁子

『老いの戒め』もくじ

はじめに──自分を戒《いまし》めて年とともに器量よしに　3

第1章

年齢を言い訳にしない。自分の隠れた才能に日の目を見せてやろう。

・時差ボケにも時差あり　19
・自分の身体《からだ》に耳を澄ませる　25
・人の喜びを素直に喜べるか　30
・この先の自分に期待する　35

第2章

器量の大きさとは、受けて立つ度量のこと。清濁併《あわ》せ呑《の》み、相手を大きく包み込みたい。

・いつも手を動かしている　40
・口許《くちもと》をつつしんで　45
・子供の頃の純粋さを持ち続ける　50
・老いは、その人が生きてきた結果である　57
・話が長いのは、老化現象の最たるもの　62
・一方的に電話を切る　67
・約束の時間より早く着きすぎる　72

・物忘れを恥じる事はない　77
・自分の人生に責任を持ちたい　82
・言葉を自分のものにするために活字を読む　87
・愚痴をこぼすのはみっともない　92

第3章

「自分の生き方に責任を持つこと」は、潔《いさぎよ》く老いるために、いちばん大切。

・社会とつながる器量を持つ　99
・若い人は、対立するより大きく包容する　104
・年を重ねるほどに、人を許したい　109

第4章

おしゃれとは、最低限の礼儀。見る人を心地よくさせる社会性が大切。

・人を見る目を養おう　114
・いやな奴《やつ》とは付き合わぬがよし　119
・自分をどこまでも信じる　124
・完璧主義を脱する　129
・年を重ねたら潔く　134
・心豊かに暮らすとはどういう事か　139
・その時々で自分を演出しよう　147

・本当にいいものをいつまでも　152
・着物を着て姿勢を正す　157
・人のアドバイスに耳を傾ける　162
・年をとったら、きれいな色でシンプルなものを　167
・見る人を心地よくするおしゃれに　172
・年を重ねて鏡の必要性を感じる　177

第5章

他人への期待は不満として返ってくる。期待は自分にするもの。

・心にしこりが残らないように　185

第6章

この世に生を享《う》けた時も死ぬ時も一人。一人に戻っていく過程を、私は楽しみたい。

・「聞く力」とは人間的余裕　190
・自分にとって大事なものを知る　195
・言い訳をしない　200
・趣味はお金をかけるもの　205
・出来るところから行動しよう　213
・反論も反発もできる気概を持ちたい　218
・経験こそが知恵の宝庫　223

・年を重ねることは一人になること　228
・人生は無駄や道草が大切　233
・私らしくあることが一番ラク　238
・柩《ひつぎ》を覆う日　243
文庫版あとがき　248

老いの戒《いまし》め

第1章

年齢を言い訳にしない。
自分の隠れた才能に
日の目を見せてやろう。

時差ボケにも時差あり。
年をとるとすぐには出ずに、
三日から一週間かかって
忘れた頃に出てくる。
反応が鈍ってきているのだ。

忘れた頃にやってくる時差ボケ

時差ボケの変化に気付いたのはいつ頃だったろうか。六十代を過ぎてからにはちがいない。

毎年ヨーロッパに一回は出かけるが、いつも行きはよいよい帰りは怖いである。

というのは、ヨーロッパは日本より西にあり、西へ行く分には、七〜八時間の時差もそれほど気にならない。私は人よりは朝遅く夜も遅い生活なので、日頃から三、四時間時差のある生活を送っているから、その延長と思えば、苦にはならない。

着いた時から、ちょっと眠くとも向こう時間に合わせているうちに馴《な》れてきてしまう。

ただし、着いた時間から本格的に寝てしまうと時差ボケが残る。少し眠くともちょっと寝て向こう時間に合わせていれば大丈夫である。

六年間公益財団法人ＪＫＡ（元日本自転車振興会）の会長をしていた時は、三月末に必ず自転車の世界選手権のため、ヨーロッパを訪れた。

フランスのボルドー、スペインのマジョルカ島、ポーランドのワルシャワなど、すべてパリ経由で飛んだが、仕事という制約もあってあまり時差を感じないですんだ。

昨年は十一月、パリからプロヴァンスに行ったが、パリで四日、少し馴れてからのプロヴァンスは少しの時差ボケもとれ、気候も暖かく楽しく過ごすことが出来た。

最近は羽田から主要な都市へは、深夜に出発する便がある。羽田まで車で広尾の自宅から二十〜三十分、あっという間に着くので成田へ行くのと大ちがい、精神的にもちょっとそこまでといった気軽さであり、飛行機に乗ったら、出来るだけ早く寝てしまう。精神安定剤を飲む事もある。

この頃はいちいち食事だといって起こされることはないので、朝までぐっすりという事だって可能だ。

これが癖になり、今は必ず羽田便を探す。向こうへ着くのが早朝だから、すぐ寝ているわけにもゆかず、荷物を預けて夕方まで行動出来る。向こうの生活にとけこみやすい。

しかし、この帰りの便は、羽田着がやはり早朝になり、こちらは辛《つら》い。向こうを発つ時はお昼だから、調整が難しい。

しかも西→東というのは、時間の経過と逆コースになるので、いやでも時差に悩まされる。

ところが六十を過ぎた頃から帰国してすぐは普通に生活出来、うまくいったと喜んでいたら、なんと、三〜四日経《た》って、夜、目が冴えてどうしても眠れない。そして昼間は、どこでもこてんと寝てしまいそうになる。時差ボケ特有の地の底に引きずり込まれるような眠気である。

若い頃より適応が難しくなった

気がつくとその頃から時差ボケに時差が出来た。すぐは出てこず、帰国後三〜

四日、それも徐々にのびて最近では一週間から忘れた頃になって、出てくる。

これはまぎれもなく年とった証拠なのだ。同年輩の人々は、みな同じことをいう。

けがをしても痛みなどが出てくるのが遅く、全ての反応が鈍ってきていることがわかる。それに合わせた対応を考えねば、若い頃と同じでは、うまく生活出来ない。

アメリカなど、日本から東に飛ぶ時は、向こうに滞在中にばっちり時差ボケが出てくるから、なかなか適応が難しい。地球の自転に逆行するわけだから仕方ないが、困ることが多い。

ニューヨークに暮らす若い女性の生活と意見をまとめるためにかつて十日間滞在し、やっと仕事がすんだ時のことだ。ニューヨークに住む高校時代の友人が用意してくれたメトロポリタンオペラを観に行った。前日、当時のクリントン大統領夫妻が鑑賞した二階正面ボックス席が手に入り、鍵つきの部屋にコートを預け椅子に座った。とたんに眠気に襲われ、必死で腿《もも》をつねるが、またすぐ地底にのめりこみ、「カルメン」の第二幕ではぐっすり。オペキチにとってまたとないチャンスを充分楽しむことが出来なかった。

自分の身体《からだ》に耳を澄ませる。
身体も生活も若い時とは変わってくる。
自分の身体に耳を澄ませ、
年齢に合ったマイペースの
暮らしを見つけよう。

黒柳流二度寝の方法

時々、句会で黒柳徹子さんに会う。その時にきいた黒柳流二度寝の方法。十時ごろまでには遅くとも帰宅し、お化粧だけ落としてともかく十一時台には寝る。十時〜二時が一番良い眠りが出来るからだそうだ。眠い目をこすって会議やら次の日のテレビの用意をしても効率が上がらない。ともかく寝ると三時頃には目覚める。起きて五時頃まで仕事をする。すると効果が上がる。一区切りつけて、甘酒を一杯飲んで再び眠る。そこから十時か十一時頃まで、計七〜八時間は寝ていることになるという。

たしかに昔のように夜遅くまではもう仕事が出来ない。それなら寝てしまうに限る。私も大体十一時過ぎに一番眠いので一度寝てから仕事をするのがいいのはよくわかる。

そこからが問題だ。三時頃に目が覚めてしばらく起きているが、仕事などしてしまっては目がさえてもう一度寝つけない。黒柳さんは、薬も飲まず、「眠る！」と一生懸命思うと寝つくというから達人だ。なかなかそうはいかない。

もう一つ問題は、朝十時か十一時まで寝ていたくとも、「ピン・ポン」と宅配便やクリーニング屋に起こされる。十一時になると事務所の人や、お手伝いさんが来る。

とても寝てはいられない。ということで寝不足になると一日中不機嫌になる。

私は睡眠だけはたっぷりとるのが健康法なので、黒柳式を真似《まね》たいと思ってもうまくいかず、結局夜遅くまで起きていることもしばしば。

十一時過ぎに眠くなることは事実。ソファなどで十五〜二十分寝てしまう。最近は十一時半か十二時頃までにはベッドに入る努力をしている。

トイレも含め、目覚めること二、三度、寒い日は起きる回数が増える。

寝つきはそう悪くはないけれど、途中で目が覚めるのが問題である。そこからもう一度眠るまで時間がかかる。甘酒はまだ試していないが、やむを得ない時は常用している精神安定剤を半錠だけ飲む。これは知人の外科医から教わった薬で、副作用もなく、癖にもならず、外科医が朝早く手術があって眠れない時に使っているものだという。

一説によれば寝酒よりもこの程度の薬の方がかえって体にもよいという。旅が多いので旅先でもこれさえあれば、大丈夫と暗示をかけ、いつも持ち歩くようにしている。

自分のペースで、無理をしない

年をとると睡眠は少なくてすむとか、早起きになるとかいうが、人による。私は全く早起きになどならないし、夜一人で起きて本を読んだりするのは至福の一《ひと》刻《とき》である。

かつては本の途中で眠ることなど、考えられなかったが、今では十一時過ぎに一瞬眠くなるので、ベッドに入る時間を早めにした。それでも朝五時や六時に起きて、体操したり仕事をしたりする生活とは縁遠い。

長年の習慣なのか、無理をして朝型にすると、次の日眠くてうまく仕事が出来ない。かつては、夜型で、お酒を飲んで遅くなっても、家に帰って原稿を書くことくらい出来たが、今はとても無理である。そこで外に出かけぬ日には、午後ずっと机に向かう。一時か一時半くらいから七時頃まで、その間、休憩一度、おやつを食べる。時には、夕刻散歩に出てひとまわりして帰ってくる。都心ではあるが、緑が多く、マンションのまわりだけで二十分は歩けるので、気分転換。私と同じようにテリトリーを見張りに来た顔なじみの猫たちに会う。「元気？」とひと言ふた言、私も猫になった気分で家にもどって、また机の前に座るのだ。

人の喜びを素直に喜べるかどうかは、
心の柔軟さをはかる尺度だ。
硬直した心ではひがみしか出てこない。
いつまでも人の喜びを喜びと出来る
自分でいたい。

わがことのように嬉しい、黒田さんの受賞

昨年の後半頃から嬉《うれ》しいことがあった。

まず九〜十月に、大学の同級生、黒田夏子《くろだなつこ》さんの文学賞受賞。「早稲田文学」の新人賞が最初で、審査員の蓮實重彦《はすみしげひこ》さんが絶賛したその文章は横書き、ひらがな多用の独特の文体でリズム感に溢《あふ》れたもの。

大学時代「砂城」という同人誌を一緒にやっていて、私はほとんど書かなかったが、黒田さんは長篇を書きつづけ、そこから派生した集大成を新人賞に応募して見事受賞。高田馬場で行われた授賞式に、秋の草花の花束を持って駆けつけた。卒業後時々会う事もあったが、ここしばらくは文通だけだったのだが、会ったとたん昔にもどった。髪はおかっぱだが白髪が多くなり、毅然《きぜん》とした態度は持ち前のもの。

嬉しくて一言お祝いの言葉と共に花束を渡した。

ほんとうに嬉しかった。いくらでも賞はあるのに、商業主義に背を向け、メジ

ャーとはいいがたいが、独特の基準を持つ「早稲田文学」にひかれて応募。蓮實さんが審査員だったことも大きかった。

同級生も他に二人お祝いに来ていて、帰りの車の中で一人の友人が、「間にあってよかった」といった。それは生前にという意味だったろうが、私も同じ。二人とも心から喜んだ。受賞をわがことのように喜べる自分がまんざらでもなかった。

素直に喜べる自分もいいやつ

その時、私は「このまま芥川賞まで行く」、という確信にも似た思いを持った。

そして今年の一月、新聞紙上で候補作にノミネートされたと知り、「まちがいない」と思った。

発表当日、ウィーンから帰った友人と食事中、「受賞」の報が入った。その時食事をしていたのが新橋にある三島由紀夫行きつけの鳥料理店で（自殺前夜もここで食事）、おかみさんは私の話をきき、すぐタクシーを手配してくれた。

記者発表に行くつもりはなかったのだが、聞いたとたんに一言お祝いをと東京會舘まで駆けつけた。私の目にじわりと涙が湧いた。よかった。やっと報われた。私のカンも当たった。彼女の長い間の労苦が七十五歳にして、衆目の集まるところとなった。

タクシーの中で私は興奮気味だった。記者会見場に現れた黒田さんは、グレーのセーターに黒のパンツルック、さりげなく、冷静でいつもの黒田さんだった。「みつけていただいてありがとう」のひと言が彼女の気持ちを正直に表している。出版社の人が私を呼びに来て控え室で彼女に会った。なんといおうかと考えていたのに、「おめでとうほんとうによかった!」としか出て来ず、彼女の肩を抱いた。

こんなに嬉しかった事は最近ない。報われるべき人が報われた。神はやはりいると思えた。

私も文筆業にたずさわっているが、自分の事より嬉しかった。そのように素直に喜ぶことの出来る自分も、いいやつだと思えた。すんなり嬉しいことに反応する柔軟さを失ってはいない。

それも彼女だからである。黒田さんの人柄と、その才能だからこそ認めることが出来たのである。

次の日から、マスコミの集中取材が始まった。黒田さん個人は当然だが、友人の私にもテレビ、新聞、雑誌の取材、彼女の人となりと大学時代の事、作品の事、受賞作発表の「文藝春秋」本誌の対談まで続き、授賞式で一段落と思いきや、今週また一つ頼まれた。私は彼女のためなら出来るだけ全部引き受け、役に立ちたい。

それが私に出来るお祝いのささやかな表現だ。私に喜びを与えてくれて黒田さんありがとう。

この先の自分に期待する。
百歳の時代。
七十五歳からでも四半世紀ある。
誰にも隠れた才能があり
それを結実させたい。

人生、これからが勝負

黒田さんの受賞は年をとった人々に力を与えた。かくいう私もその一人だ。芥川賞が新人賞の意味が多く、このところ十代、二十代の若い人が多かったので、七十五歳で受賞ということが社会現象として話題になった。

彼女は対談の中で、「あんまり年齢のことばかりいわれるのは、正直そんなに嬉しくはない」といっていたし、幼女がそのまま老年になったような人なので年齢の事など考えの中にないはずである。私自身、今の自分の年齢に現実感がなく、けんめいに、その時その時を生きて来たら今の年になっていたという感じがあるから、彼女もひたすら書く事に集中してきたら今の年になっていたという事だろう。

年をとった影響は、多少あるが、考え方や思いは確実に若い時より深くなっているし、文章を書く面でも決して衰えてはいない。やっと自分らしさが出て来て、素直に気張らず素のままの自分が出せるようになったし、これからが勝負だと思う。あと十年くらいの間に今までの集大成を形にしたいと思っている。

黒田さんとちがって、この道一筋とはいかなかったが、様々な分野で仕事をし、そこから得たものは大きいはずだ。どれ一つをとっても無駄というものはない。公益財団法人ＪＫＡ（元日本自転車振興会）の一見全くちがう組織の仕事も、そこで働く男達を見ることで、男が書けるようになったと思うし、組織を身をもって知る事も出来た。貴重な経験ばかりで、その場その場でないがしろにせず、仕事をしてきた思いがある。あとはそれをどうまとめるかだけである。

年齢を言い訳にしない

黒田さんの『ａｂさんご』には、今まで彼女の書くものの中になかった新しさと発見があった。横書き、ひらがな、主語なしといった表面的なものだけでなく、そこに至る道程《みちのり》の長さから生み出された新しさがある。それを彼女自身が見つけたのだ。科学や化学の発見と同じ、ある域に到達したのだ。それがたまたま七十五歳だったのだ。

彼女の作品を前衛的という人は、その文体や他にない形の新しさを言うのだろう。

けれど私は、ひらがなや、多くのいいかえの言葉からむしろ日本古来の文学につながると思う。知人の一人は『源氏物語』の時代につながる優雅さを感じたというし、ある人は、むしろ詩を感じるといっていた。どれも当たっていると思う。それらが彼女の中で一体となって、彼女にしかないものを生み出したのだ。

「これからどんなものを書きますか」と聞かれて、「今までのように、書いていきます」と答えていた。

十年に一作と自分でもいっているように、これから書いていって、もし百歳まで書いたら三作は多分書けるだろう。

あわてることはない。マイペースでいいのだ。七十五歳からだって百歳まであと四半世紀はある。二十五年といえば、零《ゼロ》歳の子が成人を過ぎ一人前になる年だ。それだけあれば出来ない事はない。

自分が長年思い続けてきたことに今から着手しても遅くない。隠れた才能があるかもしれない。その才能に日の目を見せてやろう。折角生まれて埋もれたままにするのはあまりにもったいない。

年齢を言い訳にしてはならない。

いくつだから出来ないという事はない。

これからなのだ。前だけを見つめてこの先の自分に期待してやろう。何が出てくるか、何が出来るか考えるほどに楽しくなる。

そう思って生きて来た人々に黒田さんは大きな力を与えた。私もやらなければならない。

いつも手を動かしている。
食事中も、会話の間も、
これを年寄り手という。
美しくないし不安そうに見える。
どうか手よ、
おとなしくしていて欲しい。

むやみに動かす手は不安の象徴

我が家で食事時に時々つれあいが言う。

「ほら、また手が意味なく動いてる。それを年寄り手というんだヨ」

年寄り手という言葉を知らなかった。言われて見れば、手をしじゅう動かしている年寄りは多い。なぜなのだろう。

じっと膝の上に置いておくなり、必要でない時は、むやみに手は動かさない方がいい。ただ、手の置き場に困って、つい不必要に動かしてしまう。机が目の前にあれば、机の上にあるものを自然にいじってしまう。本人は気がついていないのだが、一緒にいる人にとっては目ざわりである。

考えるに、何か手を動かしていないと不安なのではないか。あちこちのものに触ってほっとする。その気持ちわからないではない。

毎日のようにテレビに出ていた頃、一番困ったのが手の置き場であった。膝に重ねて置いてみたり、右手で左手、左手で右手の指を握ったり様々工夫するが、あまり動かないのも変だし、インタビュー時など苦労することが多かった。ほとんどがバストショットでかろうじて手まで映るから、その表情は難しい。アップでとられると、様々な事を物語ってしまうのだ。

テレビを見る側にまわってみると、やたらに動く手は邪魔である。むやみに動かす人は不安を表すように見られてもいたしかたない。

貧乏ゆすりといわれる足を動かす癖……これも不安の象徴でまわりの人まで震動で不安にさせてしまう。

どっしりと落ち着いて足は足、手は手の居場所にいてもらわないと困るのだ。

手が動きまわるのは、何か探しものをしていると受け取られても仕方ない。年をとると忘れものをしやすいから、いつも物の所在を確かめているのだろうか。

物忘れも激しくなるから、眼鏡や財布、鍵などいつも探している人がいる。私も若い頃から忘れ物の名人で、年をとってからは物忘れ防止のために、ハンドバッグの中で、物のありかを折しげく確かめる。

眼鏡を探して、ないないと思っていたら、すでにかけていたりとか恥ずかしいことこの上ない。

不安はあるが、心がけてつつしみたい

どこに何があるか、物の居場所を常にはっきりさせておかないと、落ち着かない時間を過ごすことになる。

いつも手を動かし探しものをしている人のことを「瞽女《ごぜ》さんのようだ」という。瞽女さんとは、目の見えない芸能者のことである。かつては雪国、新潟の高田や長岡に本拠があって、そこから旅に出て歌や物語を聞かせた、行く先々で瞽女宿に泊まった。土地の名主や有力者の家で、一週間から十日あまり世話になり、近隣の人が集まって芸を楽しんだ。

私の母の実家も高田の近くにあり、昔は地主だったので高田瞽女が泊まっていった。母は子供の頃に見た様子を覚えているが、だいたい三人くらいが組になり、一番前が少し目の見える手引き、二番目が姉弟子、三番目が妹弟子という順で前の人の肩に手をかけて歩く。宿に着くと与えられた部屋に荷を解くが、着物や下着、三味線、軽い布団まで持ち歩いたという。

瞽女さんたちは、しょっちゅう荷をさわっている。目が見えないから持ち物を確かめているのだ。そこで、いつも手を動かして何かをさわっている人のことを「瞽女さんのようだ」というようになったという。

年をとるということはそれに似た不安に常につきまとわれていることかもしれない。自分の持ち物を確かめてなくさないように、その心がけが、年寄り手を生むのだろう。

他人から見てあまり感じのいいものではないなら、気をつけてつつしみたいものだ。

口許《くちもと》をつつしんで。
何か食べているわけでもないのに、
いつも口が動いている。
老化現象のひとつである。
喋《しゃべ》っている最中も、
くちゃくちゃと音が入ったり、
自分で気づかないので始末が悪い。

はっきりと相手にわかるように

テレビで友人である辛口の評論家を見ていて「あれ？」と思った。

彼は八十近いはずだが舌鋒《ぜっぽう》鋭く、政治問題などを切っていくのだが、たえず口を動かしている。自分が喋っていない時も声は出ていないが、口は動いている。

本人は無意識なのだろうが、折角の弁舌も鋭さを欠いてしまう。

ひょっとしたら入れ歯なのかナと考えてしまう。入れ歯の人に聞いてみるとうまく合っていない時は、いつも気になって口許がくちゃくちゃと動いてしまうという。

入れ歯にも、物を食べる時の歯と喋る時の歯にはちがいがあって入れかえねばならぬというから面倒である。忘れて食べる方の歯で放送してしまった友人の話が、何を言っているのか皆目わからないこともあった。

年をとると口のまわりの筋肉がゆるむのだろうか、黙っている時は、しっかり口をつむって、気をつけていれば少しはちがうかもしれない。

私は昔NHKでアナウンサーをやっていたので滑舌《かつぜつ》が悪くなるのは衰えたことの思いが強い。出来るだけはっきりと相手にわかるように発音したい。それには昔NHK養成所でやっていた、基本的な発声法が役に立つのではないか。

「アエイウエオアオ　カケキクケコカコ　サセシスセソサソ……」などに加えて、早口言葉もいい。意外に年をとってから役に立つことを発見した。

かつてアナウンサーだったとか演劇の基礎を学んだ人々は衰えが遅い。声もきちんと出ているし、言葉がよくわかる。どんなに大切なことかは、自分が年をとってよくわかってきた。

言葉というのは人とのコミュニケーションになくてはならぬもの。的確に発言し、相手が話す時は、上手に聞いてあげる。人間関係にとって、これほど大事なものはない。その意味では、アナウンサーであったことが役に立っている。

一語一語はっきり発音し、聞きとりやすいことは、老化を遅らせる。意識して私もこの頃ははっきり話す癖をつけている。

口だけでなく、しっかり声を出して

声を出す仕事をしている人は、長生きだといわれる。

歌手、俳優、アナウンサーなど声を出している事が健康法なのだ。

カラオケなどで歌う人も多いが、これも一つの健康法だろう。

お腹から声を出すこと、腹式呼吸は全身運動である。私は子供の時から歌が好きで、「演歌からオペラまで」といっているのだが、気がつくと自分で歌うことが少なくなっている。

芸大の先生（現東邦音楽大学教授）で二期会のオペラ歌手の日比啓子《ひびけいこ》さんに習っていたのだが、六年間のＪＫＡの勤めの間に忙しさにまぎれて行かなくなった。

先日久しぶりに趣味の鳥見《とりみ》の仲間と新年会からカラオケに行き歌った時に今まで感じた事のない声の衰えを感じた。努力せず出たはずの音が出ず、声ののびもなくなった。これはまずい。

テレビの歌謡番組でナツメロなどに出てくる歌手には見事な差がついている。

いつも歌っている人は昔のように声が出ているが、あまりレッスンをしていない人は、見るもムザン、聞くもムザンである。プロならば毎日のレッスンは当然だろうが、うっかり気をぬいていると声が出なくなる。

肝心の声は出ず、口だけがムニャムニャと動くのでは、老醜をさらすのみだ。人ごとではない。我が身を振りかえらねばならない。

子供の頃の純粋さを持ち続ける。
肉体の若さは失われても、
精神のみずみずしさは変わらない。
いつまでもその頃の感覚を持ち続ける。
心は年をとらないのだ。

感じ方、考え方は変わらない

芥川賞を受賞した黒田夏子さんのことは、これまでも書いたが、受賞作『abさんご』は、「文藝春秋」三月号の本誌に出ている。ここには、審査員の選評と共に、黒田さんへのインタビューが載っている。私が対談相手になって、子供の頃から学生、今に至るまで様々な事を聞いている。

その中で、

――物事の感じ方や考え方って幼い頃に決まるわね――

と聞いたのに対して黒田さんはこう答えた。

「私はその典型というか、極端なほう。ほんとに幼児のまんまここまで来ちゃった。私は大人にたぶん一度もならないで、幼児からそのまま老人になりました（笑）」

表現の方法は変わりこそすれ、小さい時から何も変わっていない。それは私も同じである。方法論こそ変わってきたが、感じ方、考え方は同じである。

人生の途中で、まわりに影響され本質まで変わってしまった人がいないとはいえない。黒田さんや私は、がんこに守り、自分の感じ方、考え方を押し通してくることが出来たが、肉体的衰えと同様、中身まで変わってしまうことは悲しい。

大人になれば、大人らしく、老人になれば老人らしくなってしまうと、子供の頃の鋭い感受性や、純粋な心を失ってしまう。今の自分の立場で子供と接するから、子供たちは抵抗を覚えてしまうのだ。

子供にとって大人は目の上のたんこぶ、一番身近に存在する権威であるから、その一言一言が気にかかる。反抗したくなるのは、大人や親という立場で物を言って、個人の声が聞こえてこないからだ。その人自身の感じ方や考え方ではなく、たてまえで物を言うインチキくささに耐えがたいのだ。

私も子供の頃、父や母がその立場で物を言うことを許しがたく思い、反抗のかぎりを尽くした。

いつでも子供の頃の自分に

幸か不幸か、私は親という立場にならずにすんだ。親という立場で子供と対したら、私も他の人々と同じになったかもしれない。それが怖くて親になる事を拒否したところもある。何度かそのチャンスはあったのだが。

そのかわり、私はいつでも子供の頃の私にもどることが出来る。黒田さんは子供の頃のまま年を重ねてきたのだ。

子供と話す時は、自然に子供のままの感覚や考え方で話すから、子供の方も抵抗感を持たない。

話したり遊んだりしているうちに、こっちも子供の頃にもどっている。

身近にいる子供と話すのが私は好きだ。同じ目線で話せるからだ。

姪《めい》の子供は、中学生になったが、まだ小学一、二年の頃自分が作った俳句を見せてくれて、その感覚のすばらしさと素直な表現に、感心した。私はその俳句を一緒になって楽しみ、どんどん作ることをすすめた。何より嬉しかったのは、私の中に彼女と同じ目線が存在していることだった。

今一番の楽しみは、月に一回行く美容サロンの小学一年生のこはるちゃんに会うことだ。

森が好き、虫が好き、東京に住みながらのびのびと育っていて、私が行くと「アキちゃーん」と飛んできてくれる。手を取り彼女のヒミツ基地へ案内されたりもする。彼女のきゃしゃな姿が見えないとがっかりしてしまう。自分で描いた絵や字をおみやげにくれるのも嬉しい。その瞬間私は子供にもどっている。

友人達が孫が出来るとこんな可愛《かわい》いものはないといい、子供よりずっと可愛いというのは自分の中に子供の頃の自分を見つけるからだろう。

第2章

器量の大きさとは、
受けて立つ度量のこと。
清濁併《あわ》せ呑《の》み、
相手を大きく包み込みたい。

老いは、その人が生きてきた結果である。
長い道程が、
器量のある老人と
器量のない老人を生む。
環境、運によって人生は様々だが、
器量のある老人になるためには、
今をどう生きるかの
積み重ねしかないのだ。

器は大きくも小さくもなる

器量という文字を辞書で引いてみた。

①役に立つ才能　②顔つき、みめ　とある。

具体的すぎてぴんとこない。器量とはもっと大きなもの、人間の持つ器と、そこに入っているものを指していると解釈したい。

すばらしいものを沢山つめこんでいる器と、器だけは立派だけれど、中身があまりないもの、器が小さくて、中身が入りきらないものなど様々なケースがあろう。

器自体も、最初から決まりきったものではなくて伸縮自在、柔らかい皮膜で出来ていていくらでも伸び縮みする。

その人の考え方によって器は大きくもなれば小さくもなる。若い頃沢山の本を読み、さまざまな人生に触れて、自分の肌で感じ、自分で考え、自分で決めてきた人は、そのたびに器がぐんぐん大きくなる。器の中に何をとりこんでいくか、自分の価値観をつくっていくことで、皮袋を満たしたい。

他人の真似ばかりして、自分で考えない人の器は、どんどん小さくなる、見たり聞いたり考えたりする必要がないのだから。他人の器を気にしているだけで、自分の器はなくてもいい。ましてその袋を満たすものなど必要ない。

途中辛いこと、挫折することなど困難に出会う。その時にどう対処したかによって器は大きくも小さくもなる。諦めてしまった人はそれまでだ。

時間がかかっても諦めることなく、次のステップに進む。とかげの尻尾のように、期待はまたむくむくと湧いてくるだろう。そうしたら器の存在を確かめ、何をつめこむかを考えよう。

けがも考え方しだい

ついこの間、私は我が家にもどる途中坂を登り切ったところでころび、左足首を捻挫《ねんざ》した。中学生の男の子二人に助け起こされ、なんとか自分の足で家まで辿《たど》りついたが、その頃には、みるみる足首は赤黒くはれあがっていた。

翌日、日赤医療センターで診察してもらうと全治三週間、まいったなあ。その間仕事もいつものようにはままならず、行かねばならぬところへも足を運べない。

湿布とテーピングした足を、長椅子の袖に上げ、寝ころんでいるだけで、時々襲う痛みに、本を読んでも長続きしない。

慎重なようでいて慌てもので、夕暮れ時の薄暗い足許への注意が足りず引っかかった。運悪くはいていたのが厚底になっている靴、時々こける事があるのでしばらくはくのをやめていたのだが……。

一日目はおとなしく家で、二日目は会議に出かけ、そして三日目から原稿を書きはじめた。一日ごとに、少しずつ状態が変わっていくのがわかる。はれ上がった所は紫色から墨色に、痛む時間も短くなっている。一年前、右足首を骨折した時と比べると回復が早い気がする。

「またやったの？」

と友達はいうが、これで、一度破れかけた皮袋が大きくなる気がする。

少しずつ音をたててよくなってくる体に耳を傾けていると、今までもやもやしていたこの後やるべきものの後ろ姿がはっきりと見えだし、やがて正面から向きあう時がくると思える。一度とぎれかけても、再び期待が湧いてきて、そんな自分がまんざらでもない。けがも考え方しだいで器量にかかわる大きなチャンスになる。そんなおめでたさに感謝だ。

話が長いのは、老化現象の最たるもの。
自分のいいたい事を
全部言ってしまうまで終わらない。
気があせって
一気に吐き出さずにいられない。
まわりの人の迷惑も、
反応も何も見えない。
ただ喋り続ける。

どっしり構えて、必要最小限に

年をとると喋りのプロも素人《しろうと》も、なべて話が長くなる。喋りのプロは、どのくらい話せば何分と大体の見当がつくはずなのに、それがわからなくなる。自分の置かれた場所が見えなくなるのだ。会議の席などで、喋り続けられると迷惑この上ない。出席者は、それぞれ意見を持ちよっているのに、話す時間がない。一人に占領されてしまう。

喋りのプロだった人は、自分の話に自信があるから始末が悪い。話に酔って終わりそうになってまた続ける。反応がわからないということは、自分が見えていない証拠。それがかつての先輩だったりする場合は、ハラハラし、情けなく、悲しくなる。内容が良い話でも長すぎる話は、人をイライラさせるだけだ。

パーティーなどでの挨拶も要注意だ。名アナウンサーといわれた大先輩ほど話が尽きない。

久しぶりに話をするチャンスが訪れたからなのか。ここぞとばかり喋りまくる。

何かにせかされているように、次々と話す。年をとるという事は、先の時間が少なくなるということだから、早く早くと気があせるのは、わからなくはない。「あの人も年をとったネ」といわれないためにも、どっしりと構えて、深呼吸をして、必要最小限にしたい。「スピーチは三分以内に」などと他人に教えていた人が逆になるのは、あまりにも惨《みじ》めだ。一気に喋ってしまうのは、ゆとりがなくなったことの証明である。自分しか見えなくなり、自分の話しかしなくなる。

会話は相手の立場で

プロだった人も困ったものだが、素人の場合は、話がとぎれてもやめようとしないので、まわりの人は、イライラしながら次の言葉を待っていると、どんどん時間が経つ。あるパーティーで挨拶に立った俳人が十分はおろか十五分……結局一人で三十分話したことがあった。その間に飽きた人々がどんどん減って、半数が帰ってしまった。

お祝いどころか、迷惑を振りまきに来たようなものだ。

前もって「三分で」とお願いしたと主催者は言っていたが、そういう恐れのある人にスピーチは頼まないに越したことはない。

喋りすぎる人には喋らせない。「私に喋らせて」と売り込む人は要注意。日頃の欲求不満のはけ口を人前でやられてはたまらない。

そうならないためにも友人なり親しい知人なりと会って話す場を日頃から持っていることが大事である。

ゆとりがなくなると客観性がなくなる。日頃から人の話をよく聞くように。自分が話すのではなく、相手に喋らせる。その話の中から次に自分の話す事を見つけていると、話がはずむ。一方的に話し手や聞き手にならず、上手に話をころがす事を心がけているとちがってくる。

会話とは必ず相手があるもの。お互いが相手への想像力をふくらませて、迷惑をかけぬようにしたい。

老化現象は、自分が気がつかぬうちにやってくる。私だって要注意だ。

日頃から気をつけていれば少しは防げる。一人で喋りつづけず、必ず途中で相手にふること。ひと言でも話してもらって一息ついて次に進む。

相手に話す時間を与えられるかどうかは、器量を現すバロメーターだ。ゆったりと同じ場の人々を確認し、自分の置かれた場所にふさわしく行動する。言葉を変えれば社会性を持つことである。

一方的に電話を切る。
自分の話が終わると「ガチャン」。
相手の反応も見ずに。
教養のある人も、ない人も、
一様に年をとると一方的になる。

「この人も?」「あの人も?」

まだ話が終わっていないのに、向こうから一方的に切られる。よくあることだ。「あの……」といった時には、もう遅い。「ツーツー」と断続音が響くのみ。こちらの言う間も与えずに、自分の用件が済むとさっさと切る。

マスコミの世界で活躍していた評論家も、気配りで名高かったプロデューサーも、例外なくそうなっていくから困ったものだ。こちらは話の途中で置いてけぼりを食らったようで、淋《さび》しく、時には腹立たしくもなる。用件の終わっていない時は、再びかけ直さなければならない。

「この人も?」「え、あの人も?」私のまわりには断続音が満ち満ちている。

こういう人ほど、長電話が多い。私は相手の状況が見えない電話の場合、出来るだけ、手短にと心得ているから、用件を先に言って、後で時間があれば他のことをつけ加える。世間話をしないから、「愛想がない」といわれることもあるが長年の癖だから仕方がない。

自宅で原稿を書く事が多いので、私の場合、長電話は困るのだ。家にいる事はプライベートと心得ている人が多いから、説明するのもヤボで困ってしまう。

「今、大丈夫ですか」と必ず最初に聞いてから電話をすることは、当然である。

自分が喋り終わったら「ガチャン」ではなく、相手が相づちなり何か言う間を置いてから受話器を置くこと。意識していないと癖になってすぐ切るようになる。

年をとるとなぜ一方的に切るか。相手を意識せず、自分が見えていない。自分の言うべきことを言ったら終わりでは余裕がなさすぎる。

気がせいているのだろうか。一瞬間《ま》を置いたり、相手を気にするくらいのゆとりがあってもいいはずだが……。

「一、二、三」と三つ数えるゆとりを

人のふり見てわがふり直せ……恐ろしいのは、自分もそうなるかも、いやなっているかもしれないことだ。気付かずにやっているから、よほど意識しなければいけない。

そこで私は考えた。電話を切る時には、「一、二、三」と三つ数えてから切ること、それで相手が何も言わなければ切る。

「じゃネ」「おやすみなさい」といった後も三つ数える、そうすれば、相手にいやな思いをさせることもない。三つ数えるゆとりを持つことが出来るかどうかは、器量にかかわってくる。

そんなにあわててどこへ行く。電話の向こうに耳すませて、それからおもむろに切っても時間は充分にある。

出来れば、死ぬ間際になっても、あわてふためかず、ゆったり格好つけて私は死にたい。そのためには日頃の練習も大事。平然といつものように死を受け入れる。生の延長線上にあちらの世界へ踏み出してゆきたい。お互いもう少しゆとりを持って生きようよ。

かつて日本では、電話は相手が切るまで待つのが礼儀ともいわれた。忙しい毎日の中でそんな事ばかりやってはいられないけど、一瞬相手を思いやる気持ちを電話で養うのも悪くはない。

電話に耳をすましていると様々な事がわかる。相手の声を聞いただけで、その日の精神状態や体の様子がすぐわかる。

声の調子で具合の悪さは伝わってくる。

「どうしたの？　調子悪い？」と聞くと、「よくわかるわネ」といわれるが電話の場合、耳に神経を集中しているから、その日の体の調子やごきげんはお見通しである。

神経を集中した耳に「ガチャン」という切断音は酷である。

約束の時間より早く着きすぎる。
せっかちが過ぎると困りもの。
遅れるのも困るが、早すぎるのも困る。
五分や十分ならまだしも、
だんだん早く行かねば
安心出来なくなる。
過ぎたるは及ばざるが如し。

過ぎたるは及ばざるが如し

読売新聞社で、対談のために、当時八十五歳だった斎藤茂太《さいとうしげた》氏と待ち合わせた時のこと。私は遅れてはいけないと十五分前に着くように出かけた。その日は道が空いていて、あっという間に到着。二十五分前だったから、新聞社のまわりを一めぐりし、五分前に受付のロビーに行った。ソファに茂太先生がすでに到着して腰かけている。道が空いていて一時間前に到着されたとの事、恐縮してしまった。たしか御自宅は府中だったから、高速も空いていたのであろう。

遅くなってはいけない、人に迷惑をかけてはいけないと思うあまり、ゆとりを持って出かける。そのゆとりが、最初は十分が二十分になり三十分……やがて一時間となる。

年をとると、急いで物事を片付けることが出来ないので、ゆっくり時間をとって慌てないようにと思うのもよくわかるが、過ぎたるは及ばざるが如し。ゆとりを持ちすぎると、長時間待たねばならなくなる。

他人に迷惑をかけたくない気持ちはわかるのだけれど、早く着きすぎると、かえって相手に気を使わせてしまう。その時の私は、人生の大先輩に一時間も待たせてしまったと思うと対談中も気が気ではなかった。

私自身は、若い頃は、時間に少し遅れがちであったけれど、最近は早くなった。意識しているわけではないけれど、気がつくと十分か十五分は早く着いている。オペラなど観に行く時も、ギリギリで飛び込んで間に合うと自慢していたのが、もし遅れたらと思うあまり早めに家を出て二十分か三十分早く着いてしまう。つれあいと二人で出かける時も、すでに私が準備を終えて待っていると、

「また笑われるぞ、老化現象だといわれる……」

といいながら、つれあいも以前よりは、早め早めに準備している。

やはりせっかちになっているのであろう。もっとのんびり構えていてもよさそうなものだが……。

早い到着で、新たな楽しみも

早く着いたら仕方なく、予定の時間まであたりを歩いたりして時間つぶしをする。

先日も上野の東京文化会館までオペラを観に二人で出かけた。高速はスイスイだし、駐車場もすぐ見つかって、二十五分前。上野公園を久しぶりに散歩し、春の気配を日の光に感じながら一刻《ひととき》を過ごした。

誰かとの約束ごとで待ち合わせをした場合は、相手に負担を感じさせないためにも、早く着きすぎるのは考えものである。

自分が早く着いたからといって相手のケータイに電話をしてさいそくするなどもっての外。ケータイが出来たために連絡はたいていつくのだからもっと鷹揚《おうよう》に構えていてもいい。

ケータイのおかげで、待ち合わせはすっかり様変わり、すれちがいなど成り立たなくなった。

「君の名は」をはじめとする様々なテレビドラマや映画も現実味を持たなくなった。すれちがいは、ロマンスのもとだったのだと今さらながら感じさせられる。

時間の感覚が変わり、社会情勢がちがってきても、老いは忘れずにやってくる。老いと追っかけっこの毎日の中で、老化現象を手玉にとって、生活にゆとりを持たせるのも悪くはない。

若い頃はいつも、間に合うだろうかと、スリルを味わっていた。音楽会の時間ギリギリにとびこむので切符のモギリのおばさんに顔を覚えられていたこともあった。

今は、自然と早くなった到着時間を、有効に使うことを考えている。到着場所の近くの散策など新しい楽しみも増えてくる。

物忘れを恥じる事はない。
度忘れと物忘れはちがう。
度忘れはやがて思い出すが、
物忘れは思い出せない事もある。
忘れるのは仕方ない。
忘れることを恥じるのではなく、
忘れたら誰かに聞いたり調べたり、
その場で補填《ほてん》しておくこと。

忘れたものは覚え直す

月に一回の句会は、もう四十年続いている。「話の特集句会」といって矢崎泰久《やざきやすひさ》編集長の幻の名雑誌「話の特集」に縁のある人々が集まって今も続いている。

四十年経てば始めから四十歳は年とっているわけだから、その頃三十代だった私も七十代になった。同じ年の和田誠《わだまこと》さんと、物忘れが激しいことが話題になる。

一番まずいのが、固有名詞、特に、人の名前が出てこない。

「ほら、あの人、ヤクザ映画のスターだった……」

などと顔は浮かんでいるのだが名前が出てこない。

そんな時は諦めてはいけない。すぐ出てこなければ、何か他の事をしながら考えていると、ふと出てきたりする。しっかりと頭にたたきこんで新たに覚え直す。その場で処理しておかないと、永久に記憶は失われるかもしれない。

調べる方法があるなら、調べて確認し、再び記憶に焼きつけておく。インターネットを活用することも良い。私はパソコンをやらないので事務所の女性に頼んで、調べてもらう。活字になったものを見るとまた新しく頭に入る。逃げていったものを追いかけるのでなく、新しい知識としてたたみこんでおく。

そうしなければ記憶は失われていくばかりである。

自分の好きな事や得意な分野はなかなか忘れない。しっかりと頭の一部を占めている。私の場合は、音楽や文学に関することは忘れない。と思っていたら最近自信がなくなった。字が思い出せないのだ。かつては漢字の読み書きには絶対の自信を持っていたのだが、原稿を書いていてふとゆきづまる。どうしても字が出てこない。

すぐに辞書で調べる。電子辞書でもいいが、関連の語句が出ている活字の辞書の方がいい。その場で手を打って忘れたものを覚え直す。そうすればしばらくの間はもってくれるだろう。

私の場合、毎日何らかの原稿を書いているから書くという作業を通して忘れることを防止しているかもしれない。

読む方はまだまだ衰えてはいない。かつて読めた漢字が読めないという事はない。相当難しい漢字でも読みには自信を持っているが、書く方が忘却の速度は早いようだ。

得意なことだけ、忘れない努力を

忘れた事を恥じる事はない。誰だって忘れるのだ。年齢による物忘れは病的なものではない。といって放っておいたのでは進むばかり、せめて今の状態を保ちたければ、忘れた事を思い出すなり調べるなりして、最低限に止めておきたい。

物忘れも人によって特徴があり、人の名前や固有名詞や数字など決して忘れない人がいる。私の近くにも二人。一人は、私が地唄舞を習っているお家元。一度も行ったことのないパリの街の道をそらんじているし、一度聞いたら道をまちがえる事がない。

「前から二番目にいたでしょ」

家元の踊りを見ていた私の場所まできちんと覚えている。

もう一人はＮＨＫのエッセイ教室に来ている八十歳になる女性。人の名前、誕生日、電話番号など一度聞いたら忘れない。こういう人の記憶力というのはどうなっているのだろう。

記憶の器には大・小があるのだろうか。そこへ入る量も質もちがうのだろうか。同じ器しかないのだとしたら、何でも覚えている事は不可能だから、自分の得意分野の量が多ければ、一般的な知識は手薄になる。不得意な事に今さら挑戦することはたいへんだから、得意な事だけは手放さない努力をしたい。

自分の人生に責任を持ちたい。
人に判断をまかせてはいけない。
どうでもいいことはともかく、
自分にとって大切な事は最後まで、
自分で判断し、決める。
自分で決めるとは、
自分で決めた事に責任を持つ事。

辛くてもしんどくても、自分で選ぶ

かつて目白の私邸に、田中角栄氏を訪ねたことがあった。総理になる前で、私は民放のキャスターをやっていて、政局についてインタビューする仕事であった。広大な庭の一画には橋の架かった池があり、金や緋色《ひいろ》の鯉《こい》が泳いでいた。鯉に餌をやり、サービス満点。三十分の予定時間が終わったところで、プロデューサーが私を指して、いわずもがなのことを言った。

「先生、この人、まだ独身なんです。いい人がいたら世話していただけませんか」

そのとたん、角栄氏は、私をみつめ即座に言った。

「この人はダメ。この人は自分で決める人だから」

前回と都合二回仕事でインタビューしただけなのにお見通しなのだ。

人を見ぬく力、物事を即断する力においてこの人の右に出る人に会ったことはない。

ロッキード事件で足をすくわれたが、戦後の政治家の中で魅力的な男性の一人であることに違いはない。

私は、自分で決めることをモットーにしていて、それを表面には出してはいないつもりだったのだが、見抜かれてしまった。

この事があってからますます私は、自分で判断することの大切さを認識したのだった。

一度だけ若気のいたりで、大切な決断を、惚《ほ》れていた男性に委《ゆだ》ねたことがあった。その結果仕事も恋も逃げていってしまった。

その時の苦い思い、自分で決めたことなら諦めもつこうが、他人に委ねた自分が哀れで情けなかった。

それ以来、どんなに辛くてもしんどくても自分で決め、自分で選ぶ生活を続けてきている。

そのことが、私の姿勢を正し、生き方を潔くしているかもしれない。

決断には緊張感が伴う

身のまわりを見わたして、他人と同じ事をして、同じ基準で物を選んでいても一生は送れる。

他人と群れていれば爪弾《つまはじ》きされることもない。

一見ラクな生き方に見えるが、他人と同じ事が出来なければ不満になる。なんとか追いつかねばと思うから常に不安である。

不平や不満だらけの人が器量がいいわけがない。

自分で決めなければ器はどんどん縮まっていく。形ばかりの器が残っていても、そこにつまっているものは不満や不平という塵芥《ちりあくた》ばかりでは、みにくいことこの上ない。

自分で判断し決めなければならないと思うと、脳もたるんでいるひまがない。

適度の緊張感がなければ早くぼけてしまうにちがいない。

自分で決めねばと思うと、あたりに注意をはらい、情報を蒐集《しゅうしゅう》し、その上で捨てるものは捨て、どれを選ぶかを決断する。自分で判断するとは、何を捨て何をとるかという事だ。

私達の目の前には常にそうした事態が出現する。

選択を迫られる場面で、取捨選択を即座に出来るようになるためには日頃の訓練が大切である。

私は六年間、日本自転車振興会（現ＪＫＡ）の会長をつとめたが、物事を最終的に決めるのはトップの判断にかかっている。時間をかけずに返答せねばならぬ場合も数多い。

その訓練を重ねて、物事をとっさに見ぬく事が出来る器量が以前よりはそなわったかと思う。

田中角栄という人はそうした器量が伴った人であった。

時として迷いの中に沈みこみそうになると私は、あの時の言葉を思い出す。

「この人はダメ。この人は自分で決める人だから」

そして再び迷いの中から立ち上がって自分の決断を求めるのだ。

言葉を自分のものにするために
活字を読む。
表現力を養う。
放っておけば言葉は貧しくなる。
年を重ねるにつれ、
経験にもとづいた蘊蓄《うんちく》のある言葉を
自分のものにして豊かに表現したい。

長い人生で身につけた表現力を

長らく外国暮らしをして、帰国した老婦人など、思いがけずその言葉に魅了されることがままある。一昔前の日本語のニュアンスを持つ美しい話し方が残っているのだ。一種の純粋培養だといえるだろう。

岸惠子さんのようにフランスと日本を往来《ゆきき》している人にもその傾向は残っている。

久しぶりに接する日本語の美しさは、その人本人をも美しいと感じさせる。

日本社会の中だけで年をとってくると、社会の変動やテレビなどの影響で持っていたはずの自分の言葉を失ってしまう。

人前できちんと話をする場が失われていくと、ますます言葉が貧困になる。

老人ホームにいるお年寄りを見ていると、お喋りを楽しんでいるようには見えない。義母が百歳で亡くなるまで世話になった老人施設でも、義母はもちろん、食堂にたむろしている人々の間からも、会話は少なく、ましてや美しい日本語など出てくるはずがなかった。

年をとったら、以前よりも言葉遣いに気をつけたい。言葉を発していないと声も出にくくなるし、ぶっきらぼうな愛想《あいそ》のない喋り方になってしまう。

昔とった杵《きね》づかで、若い人たちにも美しい日本語を聞かせてあげたい。今風である必要はない。テンポはゆっくりだっていい。長い人生の道程で身につけた表現力を駆使したい。

読書が器量を増やしてくれる

声を出して活字を読むこと。出来れば新聞をよく読む。私のところでは二紙とっているので、政治・社会・文芸にいたるまで時間をかけて読む。毎日読んでいると、流れがわかるから世の中の変化を自分なりに読みとることが出来る。

自分の興味のある文芸や音楽、絵画といった文化面はとりわけ楽しみだ。先日、王羲之《おうぎし》展が上野の博物館で行われていた。暉峻康隆《てるおかやすたか》先生のツアーで訪れた紹興《しょうこう》の王羲之ゆかりの地にある鵞池《がち》という池で、「曲水《きょくすい》の宴《えん》」としゃれて、盃《さかずき》の流れてくるまでに一句読んだことを思い出した。早速出かけていって、直筆は一つも残っていないという王羲之の書を堪能した。

朝起きてまず目にするのは新聞だから休刊日など手持ちぶさたでつまらない。一見難しそうに見える記事でも、昨日の流れで読んでいくと、単なる事象ではなく、つながっていき、頭によく入る。

心にひっかかる本は本屋に行って手にとってみる。新聞の広告や、評論などで、琴線に触れた本を見つけて読む。「積《つ》ん読《どく》」本も数多いがそれだっていい。いつかきっと読んでやると思っている。

長いこと本棚を占領している題名をチラチラながめてきたのが、『失われた時を求めて』。プルーストの名作で若い頃からずっとそのまま同じ所に置かれていた。『スワンの恋』や『花咲く乙女たちのかげに』など一部を読んではいたが、通して読むことはしなかった。

それを軽井沢に運んで、読み出したら止まらない。十三巻毎日読みつづけて、終わった時の達成感といったらなかった。

捨てたものじゃない。読書力は落ちていないと自信を持った。ドストエフスキーの『カラマーゾフの兄弟』など次々と長篇を読むことをはじめ、再びかつてのような読書の楽しみをとりもどした。

「最近は短いものしか読めない。長いものはとても無理」という人たちがいるが、馴れである。一回がんばって挑戦すれば、次々と楽しみがわいてくる。ダメと頭から決めつけずに活字に親しめば興味がわき、器量を増やしてくれる。

今一番私が案じているのは、目が弱って本が読めなくなることである。

愚痴をこぼすのはみっともない。
何でも人に相談する前に
自分の事は自分で解決する。
大切にされる事を期待せずに、
必要とされる人になること。

相手を大きく包みこむ度量を

世間話が苦手だ。人はなぜ、他人に相談したがるのか。相談したところで結局決めるのは自分自身で、たいていの人は相談した段階で、自分で決めていることが多い。

最後に背中を押してくれる手が必要で、そのために相談している場合が多いのだ。

女同士の会話で気になるのは、人の噂《うわさ》や相変わらず嫁・姑《しゅうとめ》の愚痴。電車の中などで耳を澄ませていると、堂々めぐりが続いている。

違う人なのだから、自分の思い通りにならないのは当たり前だ。自分の価値観と同じにしようとするから無理なのだ。自分と違っても、それはそれとして認めてしまうと楽になる。「あの人はそういう人なのだから……」と。

夫婦でもあまりの違いに愕然《がくぜん》とすることがある。そんな時私は自分にいいきかせる。

「この人は全く違う人なのだから」と。

その違いを大切にして、私にはない、いい所を見つけるようにする。

引きずらないようにして、次に切りかえる。

柳に風と受け流すことも大切だ。若い時には正面切って対決することもあったが、年を重ねてくると疲れるだけだ。よけいな労力を使わないように、危ない話題を避けて通るのも上手になった。不毛な議論などしても始まらない。

器量の大きさとは、受けて立つ度量のことである。清濁併せ呑むというが、いちいちつっかかるのではなく相手を大きく包みこむこと。相撲でいえば横綱相撲、こちょこちょと小技をかけるのではなくどっしりとかまえている落ち着きが欲しい。

気持ちよく生きる

かつて江戸から明治にかけて、町内に必ず御隠居さんという存在があった。長屋の場合は大家さんを兼ねていたり、大家といえば親も同然、店子《たなこ》といえば子も同然。年をとった人には、年をとったなりの存在価値があった。それが器量を生んだ。

年をとったら若い人たちの話を聞いて、相談にものってやる。

年をとった人は尊敬される存在で、それだけで大切にされた。年をとることが貴重で、年寄りのいる場所が家庭の中でもしっかりと確立していた。

戦後、核家族になって、長寿の人々が増え、九十歳や百歳も珍しくなくなってみれば、年をとったからといって大事にしてもらうことはもはや無理。自分で自分の存在意義を見つけてやらねばならぬ。年寄りには住みにくい時代になってしまった。

もはや自分の居場所は用意されてはいない。外からちやほやされることを期待してはいけない。時代や家族のせいと嘆いてみても自分が惨《みじ》めになるだけである。

愚痴を言うひまがあったら、この先、生きていくための自分の生き方を考えること。それに向かって行動を始めること。生きるということは気持ちよく生きるということ。自分で憂うつになったり、他人を羨んで愚痴をいって惨めになることはない。

出来るだけ楽しいことを考え、他人から必要とされる人間になること、他から必要とされる時、私たちは喜びを覚える。ああ何かの役に立っているのだから、私も生きていてよかったと思えるものだ。

必要とされたら自分に出来ることをする。めぐりめぐってこの世に存在した意義を感じることが出来るだろう。

自分の身の始末は自分ですることを心がけ、他人に迷惑をかけないように、そして必要とされたら積極的に参加していけば、知らぬまに器量は増えていく。

第3章

「自分の生き方に責任を持つこと」は、潔《いさぎよ》く老いるために、いちばん大切。

社会とつながる器量を持つ。
世の中を自分の目で見つめ、
自分で感じる。
社会の動きに鈍感にならないよう、
問題意識と批判精神を持ち続け
反骨であること。
それが若さにつながる。

体を運ばねば、現実はわからない

3・11以後私たちは、いやおうなく自分のおかれている環境と社会とに目を向けざるを得なくなった。いつ何が起こるかわからない。平和ボケになりかかった頭をガンとなぐられた思いであった。

3・11の津波から続く原発の爆発、呆然とテレビの画面を眺めているしかなかった。

少し治まってこの目で現場を見なければとマスコミ人間の意識が動き出した。仲間たちと一緒に東北海岸をバスで走り、知人のいる気仙沼で、寄附金を市長に手渡した。地盤沈下で海が内陸まで迫り、大型船がガレキの間に転々とする。気仙沼の市長宅も流され、年老いた母親が火の海からやっと助け出されたという。山側に登っても建物の輪郭だけで、中はガランドウ、そうした家が並ぶさまは、不気味である。

やっと開いた魚市場で、魚をたくさん買い、何気なく「袋ありますか」と聞いた。

「そんなものはここにはありません」

何と無自覚だった事か、一見元にもどりつつあるように見えて、生活は全くもどっていない。私たちは、スーパーで袋に入れてくれるのに馴れていた自分を恥じた。

テレビなどでも報道されない現実は、体を運んでみなければわからない。

「ともかく来て見て欲しい。物見遊山《ものみゆさん》でもいいのです。忘れられることが一番怖い」

市長はそう言った。

自分に出来ることを探す

福島へ行った時も、新幹線を降りた時から線量計は上がり続ける。除染がすんだという道路を歩いて、ふと側溝を計ってみるとあっという間に上がる。除染ではなく移染だといわれるように、場所が変わっているだけだ。

表面を削られた土は袋に入って山積み、森や川は手つかずである。警戒区域には厳重な柵があり、そこから中へは入れてもらえない。原発事故から一年経った三月、残り雪に冷たい雨が降っていた。

私は出来る範囲でいいから現場に足を運ぶことをすすめたい。若い人たちにはボランティアが根付いてきたが、年をとって仕事から解放され、時間が出来た人々がもっと目覚めていい。まず我が身を運んでみる。自分が何をすべきか、何を求められているかがわかるにちがいない。

自分の目で見つめる、自分で感じるためには、現場に行ってみることだ。めんどうだとか、体がどうとか、無理をする必要はないが、出来る範囲で動いてみよう。そのことがその人の器量を大きくする。

年をとってからでも、器量を大きくすることは出来る。その人の生き方、行動力が物を言い、自分自身も活力をもらう。

私自身、何か役に立つことをしたいと思うようになった。目を大きく開いて情報を収集し、友人、知人の言葉に耳を傾け自分に出来ることを探す。

講演などの場でもその事を訴えるし、時々講義をする早稲田大学でも学生にその話をする。

マスコミ志望の学生たちだから打てば響く。目は輝いているし、講義が終わると後を追ってくる。その中にＮＨＫの記者志望の女性がいた。３・11当時、オーストラリアへ留学していたので、今からでも現場へ行きたいという。特に女性問題に興味を持っていて、春休みを利用して東北の現場へ足を運びたいという。誰に会って話を聞けばいいかというので、わかる範囲で、被災地の女性問題にとり組んでいる人を紹介した。

彼女は約束通り出かけ、途中から電話もかけて来た。その話を聞くのが楽しみだ。

学生たちに、「３・11と私」という題でレポートを書いてもらったりもした。自分なりに考え、体験した事を正直に書いている。彼らの器量は少しずつ大きくなりつつある。

若い人は、
対立するより大きく包容する。
若い人の手伝いや
応援できることをする。
共に行動し、考え、
大きく包容する事で
自分も大きくなる。

出来ることに参加する

沖縄県久米島《くめじま》の海辺、透明な海と白い砂浜、よく見ると、さんごの破片が散っている。さんごから出来た砂であることがわかる。

子供たちがさんごや様々な形をした小さな貝を拾っている。お母さんたちがその後を追う。子供たちがおそるおそる水に足を浸し、波がくるとあわてて引き返し、度胸を決めて二歩三歩。波が来て、お尻をぬらし、泣き出す子もいる。

子供たちはほんとうに楽しそうだ。こんなに長い時間、自由に美しい空気の中を歩いたり遊んだりした事があろうか。

あの原発事故以来、一日三十分しか外で遊んではいけない。砂場は屋内につくられ大人が見張っている。しかし、ここは見渡すかぎり、真っ白い砂場である。

久米島の「球美《くみ》の里」で行われている福島の子供たちのための保養行事の一環である。

せめて一時期でも、二週間〜一カ月、子供たちにのびのびした自然空間を与えたい。

写真家の広河隆一《ひろかわりゆういち》さんたちが中心になって、募金をつのり、子供たちの一時避難所をつくった。久米島の町長が全面的に賛成し、丘の上にあった焼きものの里の不用になったところを提供し、ベッド棟、食堂、読書棟などを整備して、一回四十〜五十人の子供を受け入れる。私もその趣旨に賛同し、いくばくかの協力を申し入れた。

本来は子供たちだけでも疎開させるべきだったのだ。縁故と余裕のある人たちは、自分たちで放射能の心配のない土地に行ったが、残された子供たちは不自由をしのんで、恐怖と戦っている。

チェルノブイリでも同様の保養施設が作られている。ウクライナには海はないので、森の中にいくつも作られているという。

私は何か一つでも自分の出来ることに参加したかった。広河さんに賛同して何か出来るとわかった時は嬉しかった。開設されてそろそろ一年、軌道に乗ってきたところでどうしても現場に足を運びたくなった。

私たちの器量ものびのび大きく

一月末、ちょうど沖縄に仕事に行くのをきっかけに久米島まで足をのばした。那覇から飛行機で三十分足らず、同行したのは直木賞作家の森絵都《もりえと》さん、児童文学の編集者、野上暁《のがみあきら》さんである。二人とは文学交流で中国に一緒に行ったこともある。

近くのホテルに宿をとり、翌日朝から「球美の里」へ行き、子供たちに会う。母親と一緒の零歳児から三歳児をはじめとし、小学生たちは子供たちだけで来ている。

「球美の里」のスタッフは忙しい。すらりと背の高い女性が中心になってテキパキとこなしていく。彼女は、ＴＢＳでテレビのドキュメンタリーを作っていたが、趣旨に賛同して会社をやめて移ってきた。土地のボランティアにまじって福島県出身の女性がいた。一回目に応募して二人の子供と一緒に来たがすっかり久米島が好きになり、一家で移って来た。この施設で仕事をしているという。

こういう人たちと話をしていると、毎日追われて暮らしている生活を反省し、様々な暮らしがあることを知る。子供たちのために出来ることはないかと、私は昔とった杵《きね》づかで絵本を朗読することにした。

絵都さんは自作の童話を読む。野上さんは尻取り遊び。童心にかえり笑いころげた。子供たちと一緒に私たちの器量ものびのびと大きくなった気がする。若いスタッフたちも出来るだけ応援したい。

読書棟の彼方に海が見える。私はその日のうちに那覇へ行かねばならないが、子供たちは約二週間滞在する。楽しげなスケジュールが組まれている。終わる頃にはきっと子供たちは人間らしさを取りもどすだろう。広河さんもやがて到着するし、またの機会を約束して久米島を後にした。

年を重ねるほどに、人を許したい。
人のまちがいを許せるかどうかで、
人間の優しさが問われる。
頑固に狭量になることのないように、
心を開いて人を受け入れたい。

人は過ちを犯す

意外に慌てものなので、私は時々とんでもないまちがいをすることがある。気がついたらすぐ謝ることにしているが、ほとんどの知人友人は、笑ってすましてくれるものも、時にどうしても許してもらえず、それがきっかけで絶交になることもある。

なんとも淋しく、私なら笑ってすますものをと、自分のまちがいを棚にあげて、恨めしく思う。

こんなことがあった。地方に住む友人のところへ訪れるのに手土産に焼菓子を持って行った。予約でなければ買えないという貴重なものだが、たまたま私の手元に同じものを二ついただいていた。食通の友人の手土産にちょうどいいので、片方を持参した。

「いただきものだけど、おいしいものだから」といって手渡した。

包紙は二つとも同じだが、一つは三回忌の引出ものだった。まちがえぬように気をつけたつもりが、運悪く逆にしてしまったらしく、気がついて謝りの電話を入れた。「相変わらずあわて者だねぇ」と笑ってすましてくれると思ったが、甘かった。

私の知人の男性の方は、すぐ理解してくれ今まで通りのつき合いでと言ってくれたのに、しばらくしてまた電話があり「やっぱりこれまでにしましょう」というので驚いた。思うに多分一家のうちに、神経質な人がいて、「なんと失礼な」という思いをとり消すことが出来なかったのだろう。

もちろんそれ以後つき合うことはなくなった。もともとの非は私の方にあるのだけれど、悪意でそんなことをするはずもなく、それくらいの事はわかってもらえるはずなのだ。

しかし世の中には様々な人がいる。決して許せぬたぐいの事だったのだろう。

私は恥ずかしいやら淋しいやら、いくら謝ってもわかってはもらえない。

私ならすぐに笑ってすますものを、なぜ人は人を許すことが出来ないのだろう。

それでは世間がどんどん狭くなる。

胸を開いて人を受け入れる

人は過ちを犯すことがある。故意ではなく気付かずにうっかりということも起きる。

相手が気付いて謝った時には、受け入れるのが器量というものではないだろうか。私という人間が故意にそんなことをするはずのないことがどうしてわかってもらえないのか。淋しくもあり、いやな気持ちになってしまった。

どうしても許せない重大なまちがいは困る。しかし、うっかりのたぐいの小さなミスを一つ一つあげつらっていては、人間関係がギクシャクする。もっとおおらかに、受け入れる事が出来ないものだろうか。

年をとることは極端にその人の特徴が出てくることでもある。頑固な人はますます頑固に、狭量な人はますます自分の殻に閉じこもってしまう。自分から扉を閉ざすと人はどんどん去っていく。出来るだけ胸を開いて人を受け入れることが、器量ある証拠なのだ。

「去るものは追わず、来るものは拒まず」それが私の最近の心境である。去っていく人を「なぜ？」と問い質してみても詮なく自分が情けない。

来るものは拒まず。怪しいものはいざ知らず、相手をおおらかに受け入れてあげることだ。年をとってだんだん孤独になる人と、逆に友達が新しく出来る人との差はこのあたりにある。

人を見る目を養おう。
人は見かけによる。
見かけにだまされるのは、
こちらに人を見る目がないからである。
年を重ねて多くの人と接してこそ、
人を見る目が出来てくる。

人は第一印象が物をいう

サギが横行している。振り込めサギなど新しい手口で次々やってくる。中には警察や税務署をよそおって電話してくるものもある。

五年ほど前のことである。

「御主人が痴漢をして、今、駅でつかまっています……」

という電話がかかってきた。つれあいは当時大学教授であり、一時間半ほどかかる大学に電車で通っていた。変だと思い、私はインタビューを試みた。

「その人は身長、体重どのくらいですか」

すると電話はすぐ切れた。わかるはずはない。適当に、みつくろって我が家に電話したのだろう。

こちらから聞かれると相手は困ってしまう。電話の声を聞くとだいたいわかる。

不動産や投資話は、一声で何が目的かわかるのではっきり「興味がない」と言う。

私の事務所のK嬢は、かつて証券会社にいたせいか断り方が上手だ。

「御案内はお断りしています」

私もまねてやってみたら、向こうはすぐ引き下がった。

新聞やテレビでサギ事件がない方が珍しい。写真を見ているとひと目でサギ師とわかるのになぜだまされるのか不思議だ。

かの麻原彰晃《あさはらしょうこう》はじめ、どうして多くの人たちがだまされるのか、顔を見ればわかるはずだと思うのだが。

「人は見かけによらない」というが実は「人は見かけによる」のである。こちらに見る目さえあれば、どんなに上手につくろっていてもボロが出る。

犯罪を犯した人を「どうしてあんなおとなしい子が」「あんなに礼儀正しい人が」とまわりの人が言う例がある。おとなしいとか礼儀正しいというのは後から作った表面的な見せかけに過ぎない。その奥に何があるか、意外に第一印象が物をいう。その人の感じをどう受けとるか、自分自身にかかわってくる。

自分の感覚を大事に

長い人生を歩んできた人ならその直感力がついていなければならない。

「好き嫌い」も素朴にその人をいいあてている場合がある。

「なんとなく嫌い」「なんとなく感じがいい」そうした自分の感覚を大事にしたい。

まだアナウンサーをしていた若い頃の話である。

時々インタビューに来る新聞社の記者がいた。おしゃれでチャキリスの渾名《あだな》があるほどかっこいい人だった。

一度は細身の体を黒一色で包み、赤いバラ一輪を指でくるくるまわしながら現れた。私がNHKから移籍する噂のあった頃でその事をききにきたのだ。

仲よしになっていたので話せる範囲の事は話した。

黒ずくめに赤いバラ……なんとキザなと思う人が多いだろう。だがよく似合うのだ。と同時にそんな格好に似ず、誠実でいい人なのだ。新聞社の同僚に聞いても男も女も「あいつはいいやつだよ」と口をそろえていう。それは彼の目と話し方を見ればわかる。感じの良さは決して裏切らない。どんな格好をしても、その人の本質は滲《にじ》み出る。それを見ぬくことが出来るかどうか。

「人は見かけによる」という本を書こうと思ったことがある。我が家では、私とつれあいとで、テレビなどに現れた人間の人物評をする。肩書やら表向きのことは全《すべ》てとり去って、感じだけでその人を見ぬく。

一致する事が多いのだが、そうやってカンをみがいておくと、人を見る目が養われる。私もつれあいもマスコミ関係で生きて来たから多くの人達にめぐりあってきた。その間に少しは人を見る目が出来たと思う。結論としては、「人は見かけによる」のだ。よく見れば、全てがその人をあらわしている。

いやな奴《やつ》とは付き合わぬがよし。
心の平穏を保つために、
近寄らぬにこした事はない。
イライラすることでストレスは溜まる。
心を乱すことから身を避けておくこと。

自慢話で憂うつに

私にも道で出会いそうになると、急に手前の角を曲がってしまいたい人がいる。家が近いので時々出会うのだ。

決して悪い人ではないのだけれど、少し話しているうちに憂うつになる。話が長く、自分勝手で自分の事しか言わない。外国に行ってきた話だの、どんな男性と出会ったの、どんなアクシデントがあったのと、大体が自慢話なのである。

聞いているうちに嫌気がさし、一分でも早く逃げ出したくなる。体全体が重くるしく、いやなものが乗り移ってくる気がする。私はもっと爽《さわ》やかに心静かに過ごしたいのだ。

その事に本人は全く気がついていない。こちらが喜んでいるかのような錯覚を持っていて、困りものである。

自分は美人だと思いこんでいることも鼻もちならない。若い頃ならいざしらず、年をとったらけばけばと飾り立てるのではなく、清潔であっさりすっきりしているに限る。

粘着質の人は敬遠されるようだ。年をとって急に性格が変わるわけはないから、若い頃から気をつけていないと、徐々に強調されて鼻もちならなくなる。

自分が喋るのではなく、相手の話をよく聞く

NHKに勤めていた頃も、経験がある。その人が近づいてくると憂うつになる。話題は、家に伝わった指輪だの家柄やら金にまつわることばかり、話をしていても楽しくない。

いつも堂々めぐり、飛躍というものがない。飛躍してとんでもない方向に遊べるような会話のはずみが欲しい。

自分が喋るのではなく、相手の話の中から次なる話題をひっぱり出す。その話題が全くない相手にはへきえきしてしまう。

NHK時代の彼女も全く自分の癖に気がついていず、敬遠されていることに気付かず、近寄ってくる。さりげなく逃げ出してもまだ気付かなかった。

彼女も美貌《びぼう》が自慢だったのかもしれないが、小さくかたまってしまって広がりがないから、雰囲気が感じられない。年をとるとぎすぎすしてしまうことは避けがたい。

そうした人には近付かないと思っているのに、向こうからやってくるのを拒絶することが出来ず、無駄な時間をとられてしまう。あげく憂うつになるのは全く間尺《ましやく》に合わぬので、最近は出来るだけ、出会わぬよう、近付かぬようにするしかない。

女の場合は、まだ感情的なものですむのだが、男の場合は、別の意味で困難である。一度つかまるとなかなか放してくれない。

すでに会社勤めを卒業したりして時間はたっぷりあるものだから、次々とどうでもいい会話を投げかける。うっかり相づちなど打とうものならいつまでたっても話は終わらない。

「○○さんは知ってますか」「××君は僕の高校の同級生で……」

などといわれても、例えばＮＨＫに勤めていた人として、何千何万といるわけだから、知らない場合の方が多い。「知らない」と正直に言うと「なぜ知らないのか」とたった九年間しか勤めていなかった私をなじるような言い方をされる。男性は名刺が好きだ。それも肩書のある名刺が。どんな小さなことも肩書にびっしり書かれていたり、昔勤めていた頃の名刺を相変わらず持ち歩いて、局長だった部長だったと「昔の名前で出ています」。私はそうした男性が大嫌いである。権威や権力に寄りかかった男とは話をしても面白くない。ふんぷんとそうした匂いをさせているから、近寄らないにこした事はない。

自分をどこまでも信じる。
おめでたさは一つの才能である。
おめでたさとは
細かいことにこだわらず、
おおらかであること。
自分を信じて、
才能を自分で摘みとることの
ないようにしたい。

最高齢の芥川賞受賞者、黒田夏子さん

二〇一二年の下半期の芥川賞受賞者は、七十五歳という今までの最高齢の黒田夏子さんであった。黒田さんは私の早稲田大学時代の同級生である。教育学部の国語国文学科で四年間いっしょであった。その上「砂城」という同人雑誌の同人であり、二人ともわが道をゆくタイプだったので最初から気になる存在であった。

彼女は目力の強いはっきりした顔立ち、姿勢がよくすらっと立った姿は他人を寄せつけない孤高を感じさせる人で、知らぬ間に親しくなった。べたべた一緒にいる事はなく、個を保ったまま卒業後も時々会ったり手紙の往復でつき合ってきた。

私は卒業後、NHKに入りめまぐるしいマスコミの世界でアナウンサーから民放のキャスターになり、その間少しずつエッセイ、ノンフィクション等を書き、今は物書きとして数だけは著書も九十冊になる。

私の場合、仕事は向こうからやって来た。物書きになりたいという意識を持っ

て放送の仕事をしているうちに本を出さないかという話を持ちかけられ、両方をやるうちに物書きの仕事が増えて来た。

一度こうと思ったらその事から目を離さず心の内深く念じていると、だんだんそちらに向かっている。自分を売りこむことなど一度もした事がない。そんな事をしたら、私の場合かえってうまくゆかなくなることがわかっている。

ただ私には、器用なところがあって、寄り道をしたり遊んだりした事が仕事としてうまくころがってこられた。が反面、足をとられる事もある。結局いつも忙しく追われる破目になる。

そして今になってほんとうに書きたいものを書いていない事に気付いて愕然とした。

自分の可能性は野放図に

黒田さんは、私と正反対だ。大学を出て「砂城」で書き始めた小説を長年かかって完成させ、あくまで書くことに時間を費し、食べるために最小限のものを得るために教職につき、それも時間がとられるので、料亭の事務や音楽事務所、タオル会社などに勤め、小説を書くことを中心に生きてきた。どこからか依頼があるわけでもなく、本にまとめる事も出来ず、商業主義には背を向けて書きたいもの、自分にとって書かねばならぬものを書いてきた。一度だけ読売短編小説賞に入って、丹羽《にわ》文雄《ふみお》にほめられた。

そして今回、「早稲田文学」の新人賞に応募、審査員の蓮實重彦氏に絶賛され、芥川賞へ。

私は時々作品を読んでいたが、久しぶりに芥川賞受賞作『ａｂさんご』を読んで驚いた。文体も表現方法も、誰にも書けないものになっていた。彼女は世間に背を向けひたすら書き続けた。何度も何度も推敲《すいこう》を重ねて。

今年になるまで卒業後五十年もの間、世間的には認められず書き続けられたもとは何だろう。それは自分を信じる力。自分の才能を信じることの出来る偉大なるおめでたさである。そして五十年後、七十五歳になって見事に結実した。脱帽である。

私には出来ない。ちょこちょこ人に認められ、小出しにすることで器用に生きてきた。内心忸怩《じくじ》たるものがある。

私も相当おめでたい方なのだ。おめでたいとは自分を信じ、才能をここまでと自分で決めてしまわぬこと。いつか出来るやってみせると可能性は野放図《のほうず》にのばしてやる。自分で自分の可能性を摘んではあまりに可哀そうだ。そう思って生きてきたが、黒田さんの自分を信じる力にはとても及ばない。私ならきっと途中で挫折したろう。黒田さんとてそんな時もあったろうが、いつも自分を信じてきたその偉大なるおめでたさが快挙を生んだ。羨望と尊敬の念をこめて心からおめでとうと言いたい。

完璧主義を脱する。
何でも自分でやろうと思っていないか。
何でも自分でやらねば気がすまない。
完璧主義から脱して、人を信頼し、
人に任せることも知るべきである。

一度任せたら、信頼すべき

大学を出た後ずっと仕事をしてきた。いつも目の前に次々とやらねばならぬことが出現し、仕事を追って来たところがあるから、日常生活はなおざりになる。仕事は待ってくれないから仕事優先、その他の事は他人に任せてきた。家事は、ほとんどやらない。ほんとうは、インテリアや家の設計など、家をきれいにする事は大好きで、職業をまちがったかと思うほど夢中になるのだけれど……。

若い時は終夜かかって家具を一人で移動させ、あるもので新しい空間を演出したりしたが、もはや物理的にその力がない。たまにやるとがっくり疲れてしまう。けがをしても困るので最近は考えるだけで実際の移動は他人に任せることにした。

それにはこの上ない助っ人《すけと》が現れた。新しいお手伝いさんである。前の人は長かったが、八十五歳を過ぎて、足を悪くしてやめざるを得なかった。新しい人は、私のエッセイ教室に来ている人の紹介である。

年齢は五十代だろうか、実にてきぱきとよく動く。看護師さんだったが、障害を持つ子供の世話のため自由に時間をやりくり出来る仕事に変わった。頭がよく、私がやって欲しいと思う事が言う前に出来ている。あるものを工夫して、見ちがえるように整理する能力にかけては、私は及ばない。私なりに自信はあったが、彼女に任せておいた方がいい。なるほどと思う結果にこれは、私が出る幕ではないことを知る。

楽しんでやってくれるし、欠けたまま放っておいた小物まで直してくれる。口は固く決して余分なお喋りはしない。

よくぞこんな人が来てくれたものだ。この人なら任せられるから、私も細かいことはいわない。むしろ相談相手になってもらう。任せられれば人は責任を持たざるを得ない。

他人にやってもらう時には、いちいち口を出さず全面的に任せるべきだ。多少やり方に違いはあっても、任せたのだから信頼すべきなのだ。

年をとるほど、他人の力をうまく借りて

食事については、今までに何度も書いたが、料理の好きなつれあい任せ。自分の食べたいものをほぼ毎日献立を立て、買物に行き、料理し、後片付け以外はつれあいがやる。趣味だから楽しんでやるし、食事を作ることが、皿や茶碗への興味につながり、五年ほど前から鎌倉でお茶を習っている。江戸千家のお家元のところは、男の弟子も多く、画家、建築家、陶芸家など、話題も豊富らしい。その延長で最近は、花に興味を持ち、家の中には、つれあいの生けた花が絶えない。「花長《はなちょう》」という近くの和花の店の御主人とも仲よくなり、この人にこんな才能があったのかと感心してしまう。

人には様々な才能が隠れている。自分が出来ないから人に任せることで、思わぬ発見がある。

もう一つ私の苦手なのが経理や細かい事務的なこと。その部分は、かつて私がマネージメントを頼んでいた事務所にいた女性に来てもらっている。彼女はパソ

コンをはじめ事務的な事にはきっちりしていて、任せておいて不安はない。長い付き合いで気心が知れているし、全面的に頼っている。

そんなわけで私は身の回りだけでも人に助けられているし、感謝している。これから介護が必要になるにしたがって他人に任せる事は増えてくるだろう。その時のためにも、上手に他人に任せられるかどうかが鍵になる。

右足首を骨折した時も、左足首の捻挫の時も、まわりの人に世話になった。医者通いにも、車椅子に乗せてもらい、隣の日赤医療センターまで押していってもらった事もある。

世の中、年をとればとるほど、助け合いで他人の力をうまく使えるかどうかで暮らし方も変わってくる。

年を重ねたら潔く。
潔さとは、
ずばり物の本質を突くこと。
取捨選択は自分の尺度で。
他を気にしない。
くよくよと気にしない。

花が開くような華やかさ、佐藤愛子先生

吉武輝子《よしたけてるこ》さんの葬儀で、久しぶりで、愛子先生にお目にかかった。「あ、下重さん」と声をかけていただいた。瞬間花の開くように笑顔がひろがる。嬉しかった。

帰り際に御あいさつ出来なかったので、手紙を書いた。すぐ返事をいただいて、出版社の社長と三人で食事をした。夜にもかかわらず出て来て下さった。いつものような笑顔がひろがった。

ほんとうに花が開くような華やかさ、他に愛子先生のような笑顔を知らない。折々にその笑顔を思い出すと、気持ちが明るくなる。文藝春秋の菊池寛賞の授賞式の日、控え室の前で到着を待っていた。途中、不都合があって遅れられたので、みな心配していた。そこへ黒白のしぼりの着物で現れ、開口一番遅れたことを詫びられた。空気が華やぎ、急に明るくなった。その明るさは、すっぱりと潔く、迷いがあっても自分の中で見事に割り切って解決する人だけが持つものであ

った。

もともと華やかな美貌の持ち主であるが、あの花が開く瞬間が時々見たくなる。

言うまでもなく小説家佐藤紅緑《さとうこうろく》の娘で母は女優、異母兄がサトウ・ハチロー、芥川賞候補二回に『戦いすんで日が暮れて』で直木賞。書くものは、俠気《おとこぎ》に満ちている。その歯に衣《きぬ》着せぬところが好きでいくつも小説を読んだ。菊池寛賞の大河小説『血脈』に結実しているが、私は、二度の離婚後の女学校時代の憧れの人との関係を描いた『幸福の絵』が好きだ。

「戦争だから、しょうがないから結婚していた」

「戦争が敗けて、これで自分もこの結婚を解消して、自分の道に進めるということを考えた」

という言葉（北杜夫対談集『マンボウ談話室』）も小気味いい。

同人雑誌の仲間と結婚、その借財を背負って、テレビ出演や講演にかけまわり、世相を厳しく批判する言動が多くの賛同を得る。波瀾《はらん》万丈の人生から出て来た言葉だけに説得力があった。

自分の生き方に責任を持つこと

大阪大手前高校の先輩で、亡くなった評論家の俵萠子《たわらもえこ》さんの紹介で太子堂《たいしどう》のお宅へはじめて伺った。

俵さんの言によれば、借金を返すために講演へ行くにも節約をして、見事億という借金を返されたという。それもつれあいの借金なのである。まさに俠気以外の何物でもなく、その潔さに頭が下がる。

真似は出来ないけれど、私も死ぬまで自分一人は自分で食べさせてやろうと実行しているのは、愛子先生の影響がある。

小学校三年の敗戦の年に軍人だった父が公職追放になり、私にとっては落ちた偶像。家庭崩壊を目前にしてこれからは大人を信じてはいけない。自分は自分で生きる。そのために自分一人は自分で養ってやると私は決めた。家族を養う事は出来なくとも自分一人を養うのは、生きている人間の義務だ。その時から今まで、あと少しで、なんとか全《まっと》う出来そうだ。つれあいという共同生活者はいるが、我が家は今も独立採算制である。

愛子先生の潔さは、自分の言動に対して責任をとるところからきている。さらに一緒に暮らす人の分までも。自分の生き方に責任を持つことは、潔く老いるためには必須である。

愛子先生の近著の題名は『ああ面白かったと言って死にたい』(海竜社)

面目躍如である。

心豊かに暮らすとはどういう事か。
ささいな事には目をつぶり、
清濁併せ呑む包容力を持つことだ。
一人になっても
器量よく生きるために……。

すべてを包みこむような優しさ、吉沢久子先生

私がまだNHKに在籍しアナウンサーをしていた頃、よく二人の古谷《ふるや》さんと仕事を御一緒した。一人は文芸評論家の古谷綱武《つなたけ》氏とニュースキャスターの古谷綱《つな》正《まさ》氏である。

吉沢久子《よしざわひさこ》さんは文芸評論家である古谷綱武氏の夫人であった。速記者から綱武氏の秘書をつとめた後、結婚された。

当時は家事評論家として経験を生かして生活に関する事を書いていらした。

最初にお目にかかったのはどこだったか記憶が定かではないが、何回かお目にかかっている。

いつお目にかかっても変わらない、優しさがあり、その中に包みこまれるような気がする。特別にお話ししたことはないのだが、ずっと以前からようく知っていたような錯覚に陥る。

私に限らずそういう感じを抱く人は多いらしく、吉沢さんのまわりには、働く

女性たちがいつもいて、相談したり、お宅へうかがってお話を聞いたりしているらしい。

夫の綱武氏の生前からともに始めた勉強会が軸になっているのだろう。綱武氏が亡くなられてから、今に至るまで続いて、記録誌「むれ」は若い同人によって支えられている。

現在九十五歳。一人暮らしだが、いつもまわりに年若い友人がいる。その人たちの話を聞き、一緒に楽しみ、講演をし、著作を書き、それも九十歳を過ぎてからの活躍は目覚ましい。

『90歳。一人暮らしをたのしんで生きる』
『91歳。今日を悔いなく幸せに』
『92歳。小さなしあわせを集めて生きる』
『93歳。ひとりごとでも声に出して』
『94歳。寄りかからず。前向きにおおらかに』
『95歳。今日をたのしく。もっと前向きに』

九十歳から毎年折々の生き方を書いた海竜社の本は、年をとってからどう生きるかの肩の張らない指南書になっている。自然体であるがままに物事を受けとめ、日々の暮らしを自分らしく大切に生きる、そのヒントを得ることが出来る。

心豊かに、自分の暮らしを見つめて

私は吉沢先生のエッセイが好きだ。さり気なさの中にキラリと光る言葉がある。それを見つけると生きていてよかったと思う。九十五歳であんなにのびやかに生きられるならば、私もその年まで生きたいと思ってしまう。

まろやかなお顔、優しい声、どこかのパーティーなどでお会いすると、向こうから声をかけて下さる。ほっとしてその日は心豊かに帰る。年を経てますます素敵になられるとはこういう人のことだろう。

しかも一人暮らし、私も一人になっても大丈夫と思えてくる。

それもこれも若い時に培われたもの、日本の伝統的な技術や知恵を現代の生活の中に生かす様々な提案は、人々の暮らし方を豊かにした。年をとっても心の中の豊かさの提案をされて、吉沢先生のファンは、私のまわりにも沢山いる。自分の暮らしを見つめることで、最後まで自分らしく生きること、私も最後が一番自分らしくありたいと願っている。若い友人に囲まれていることも大切で、集まりなどにも時々顔を出される。お顔を見るだけで元気になるのだから、若い人たちをどんなに力づけていることか。

着々と自分なりの著作を積み重ねておられるが、いちはやく昭和四十年代に「家事評論家〝廃業宣言〟」を書いて話題になったという、内に秘めた反骨精神にも心惹《ひ》かれる。夫の古谷綱武氏から引き継がれたものも多分にあるだろう。ますますの著作を楽しみにしている。

第4章

おしゃれとは、最低限の礼儀。
見る人を心地よくさせる
社会性が大切。

その時々で自分を演出しよう。
華やぎのある日、
しっとりとムードのある日、
会議などで発言する日、
その場の自分にふさわしく。
そして〝可愛いおばあさん〟になる。

着ていて疲れず、楽しい洋服を

私は昔、おしゃれだった。中学・高校時代、制服は自分に似合うように変えて、先生から注意されても、自分に似合わないものを着たくないといって、あきれられた。結局先生は、私のいう事を認めてそれ以上何もいわなかった。

自己表現の手段がわからないで模索している頃、最初に表れるのは服装である。スカート丈を長くしたり、ネクタイの結び方にこだわったり、当人にとってはこの上なく大切なことなのである。

髪もおさげにして、その日によって結ぶリボンを変えたり、楽しんでやっていた。大学に入ってからも、冬は真っ黒なセーターにパンツ、まだ誰もはいていなかった毛皮つきのブーツをはいて、真っ黒なマント姿だった。

同級生の黒田夏子さんの話によれば、「小悪魔みたいだった」。

確信犯であって、着るものにはとことんこだわっていた。

今は当たり前になったが、卒業式には、たった一人薄紫の着物に袴姿《はかますがた》だった。

放送局に入ったので、テレビや人前に立つことの毎日で、おしゃれはいやでもしなければならなかった。その度数がひんぱんで面倒になることもあったが、出来るだけ楽しんで、その場にふさわしく、自分がしっくりした格好をと心がけた。同じ格好は続けて二度したことがなかった。同じ洋服でもブローチやスカーフの組み合わせで必ず感じを変えた。うまくいくと一日楽しかった。どこか一カ所色が合わないとか、気になる部分があると、なんとなく落ち着かない。

放送の仕事から物書きが主になって家で仕事をするようになると、楽な格好が多くなる。癖になると、どんどんだらしなくなっていく。仕事にも影響してくる。

向田邦子《むこうだくにこ》さんは、「勝負服」と言って小説や脚本を書く時は、一番上質の着やすい仕立てのいい服を着たという。その心意気、私も真似たいと思い、疲れないが、着ていて楽しい洋服を選んで、時々着がえるようにしている。

人生、いつもきれいに楽しく

外へ出かける時は、その場に合うように思いっきりおしゃれをして出かける。

先日、黒田さんの芥川賞授賞式に、白の襟の高いブラウスに、丈長のチュニック風黒のベルベットに黒のパンツ、上衣《うわぎ》と同じくらい長い黒いリボンという姿で出かけた。目だたずそれでいてシックでちょっと華やかさを秘めお祝いの気持ちをこめてと考えたものだった。

編集者たちにほめられて嬉しかった。

この頃私はまた急におしゃれになった。残りの人生いつもきれいに楽しくしていたい。そのためには、何を着ていくかずいぶん考える。取材などにも、かつてはいつも洋服だったが、ふさわしい場合は、着物にしてみる。『この一句―108人の俳人たち―』（大和書房）という本を出したので、俳句のことについて雑誌「ゆうゆう」から取材があった時は、大島の着物に紬《つむぎ》の帯にした。着物は母の残したものも含めて一生着ても着られないくらいあるので、出来るだけ必要な時だけでなく、ふだんにもさり気なく着る。再び始めた地唄舞のおけいこにも着物でゆく。

そう考えると演出が楽しくなる。取材、講演、聴衆を考えながら着るものを選ぶ。長い間に洋服もずい分増えたが、着なかったものもちょっとした工夫でよみがえる。アクセサリーや組み合わせ、年を重ねたらおしゃれになろう。

私は好みがはっきりしていて、とっぴなものはあまり買わないので、昔のものも着られる。今の方がアクセントをつけて可愛くする楽しみがある。体型もそれほど変化がなく、買わなくとも大事にして来た昔の服を新しい演出で着る。

「きっと可愛いおばあさんになるよ」友人が言っていたっけ。

本当にいいものをいつまでも。
好みはそれほど変わらないから、
若い時買ったものを大切に着て、
その人らしくありたい。
高くてもその方が経済的。

着るものに情熱を注いで

つい最近まで、大学時代に買った洋服も着ることがあった。さすがにあの頃のようなスレンダーではなくなったので、着ることが少なくなったが、今でも着たいと思うものがある。首が長すぎるので、ハイネックのものや、一品ものを探して買ったり、着るものには情熱を注いでいた。材質のよい定番のものは、いくつになっても着られる。

花柄などはスカーフやブラウス以外は着ないし、無地、ストライプ、チェックなど、柄物は基本的なものが多い。

NHKに入ってからは、森英恵《もりはなえ》さんの銀座店のサロンでのショーのお手伝いをした。野際陽子《のぎわようこ》さんがやっていたのを引き継いだ。まだハナエ・モリが世界的に知られる前で、表参道のビルもなく、ショーは銀座のサロンが中心だった。顧客のみの招待で、手の届くすぐ目の前をモデルさん達が歩く。ベラちゃんこと入江《いりえ》美樹《みき》さん（現小澤征爾《おざわせいじ》夫人）、初めてパリコレのカルダンのモデルになった松本弘《まつもとひろ》子《こ》さんをはじめ個性的で人間としても魅力的な人たちで、リハーサルの合い間に一緒に食事をしたり親しくなった。ベラちゃんには、いつもベラママが一緒だった。数年前松本で夏行われたサイトウ・キネン・オーケストラの演奏会の後、楽屋に小澤征爾さんを訪ねるとベラちゃんがいて、ちゃんとあの当時のことを覚えていてくれた。

ベラちゃんはモデルという以前に、美しく可憐《かれん》な入江美樹という一人の女性の感受性があった。

彼女達が着ると、みな素敵で、ナレーションをしながら私も好きな服を物色した。ショーが終わると、モデルさんの着たものも現物で売られる。背丈はともかく、やせ方だけはモデルサイズだったので、一着か二着買った。一度着たものだから安くなっていて、私の手に負えたらしい。その時買ったものは、一点ものだし、ショーのため特別に仕立てられていて、今も洋服ダンスの奥にあり、思い出して着るとたいていほめられる。あの頃はすべてがていねいで手が込んでいたから、探したくともいまでは無いものが多い。

エルメスや、ルイ・ヴィトンの店でも、もし昔のものを持っていたら大切にして欲しいといわれる。今はもう出来ない技術や品質のものが多いそうだ。

少しだけ知恵を働かせて

ブランドものにこだわることはないのだが最初の仕事の出会いが森英恵さんのもの。一目でそうとわかるものは避けて買っていたので今でも応用がきく。

ＮＨＫをやめて民放のキャスターを務めた時は、数が必要で、色々浮気をしたり、オーダーしたこともある。当時、私が気に入っていたデザイナーは細身のセンスのいい男性だったが、男同士の恋愛のもつれから自殺してしまった。

その後は、日本にも日常的に入ってくるようになった外国ものを買う事を覚えた。

スタイリストをやっていた友人のすすめでソニア・リキエルのニットものが気に入り、細身のぴったり身につくサイズは、そのままハンガーにぶら下がっている。

この頃は毎年のようにパリに出かけて、サンジェルマン・デ・プレのソニアの本店をのぞくのが楽しみだ。決して目のとび出る値段ではなく、リーズナブルでありながら、私の体型に合ってくれる。

それからどのくらい洋服を買ったろうか。旧軽井沢銀座のイタリアものを売る店や馴染みの所は二、三あるが、それ以外で衝動買いすることはあまりない。何かのまちがいで買ったものは、たいてい一度も手を通さずにある。

現在の一番のお気に入りはジョルジオ・アルマーニ。銀座のアルマーニ・タワー婦人服のアドバイザーと相談して、ほんとうに気に入ったものを一シーズンに一～二着買う。何気ないスタイルでいて線がきれいで着ると際立つ。円高の頃は、バーゲンまで待つと、イタリアで買うのと値段も変わらなかった。

ぜいたくと思われるかもしれぬが年をとったら、ほんとうにいいものを少しだけいつまでも着られるように知恵を働かせたい。

着物を着て姿勢を正す。
五十代までに着なれておくのがいいが、
簡単に着る工夫さえすれば、
七十代からでも充分楽しめる。

着物を着る機会を増やしたい

子供の時は、家に帰ると着物を着ていた。母が着物好きで、用意されていたものに着がえていた。その意味では着なれていたはずだが、高校、大学と進むにつれ洋服が主流になりあまり着なくなった。

大学を出てNHKに入り毎日のようにテレビに出ていると、洋服だけでは事足りない。番組によっては、着物で出かけ、正月三日の新春オペラコンサートでは、必ず振り袖を着て司会をした。

今もこのオペラコンサートは様々な演出で行われているが、私が担当した時は、クラシックの紅白といった感じで、当代随一の日本のオペラ歌手を総動員して盛り上げる、単純だが緊張感あふれる番組であった。

三年間くらいやったろうか、ということは三回振り袖を着たはずだが、そのいずれも、母が結婚した時の打ちかけを仕立て直したものだった。母の実家は新潟の地主で、昔のこととて一週間もお客を変えて八回も打ちかけを着かえたので、八枚の打ちかけを持っていた。その中の三枚を私の振り袖にし、あとは、戦後の売り食い生活でお米に変わってしまった。昔の刺繡《ししゅう》や染め柄は今の技術では出来ない。

母から洋服をつくってもらった思い出より、着物を買ってもらった思い出の方が多く、若向きの派手なものではないので、今も着て楽しんでいる。

母の影響もあってか、私自身も、地方の講演などに行くと、織元や人間国宝を訪問して好きなものを買い、仕立てるという事が重なって、簞笥《たんす》の中は着物と帯でパンクしそうである。

それらが私の財産になっていて、出来るだけ着物を着る機会を増やしたいと思う。

どれを着ようかと楽しみに

二十年以上前だったと思う。佐藤愛子さんにお目にかかった時に、ある年になったら着物を着て過ごしたいとお話しした事がある。

華やかに効果的に着物を着ていらっしゃるのをお手本にしたかったのだ。

「それなら五十代までに着なれておかないと無理よ」

五十代を過ぎると、着物を着るのがしんどくなるという意味だったかと思う。きちんと着物を着て帯を締めると、シャンと姿勢はよくなるものの、ずっと着ていると疲れてくる。家にもどって早く脱ぎたくなる。五十代までの元気な時に着なれておくしかないというアドバイスであった。

毎日に追われてとても着物を着る余裕がないまま、最近になって急に着物が着たくなった。

もともとなで肩の細身で着物の似合う体型だから着てしまえばいいのだが、着るまでがおっくうなのである。着物を決め、それに合う帯、帯揚げ、帯締め、下着、と用意するのはいいのだが、問題は帯を締める事である。簡単にうまく結べない。着物を着るのは一人で充分だが、帯が問題だ。そこで正式の帯以外は、おたいこの部分と胴に巻く部分の二つに切って二部式に仕立てておくと、自分ですぐ出来る。ベルトの上におたいこをつけるだけだから洋服を着るのとたいして時間は変わらない。二十分から三十分あれば充分である。

がぜん着物が楽しくなってきた。六年間のＪＫＡ（元日本自転車振興会）での宮仕えをやめて以来、地唄舞のおけいこを復活したので、着物で通う。かつては浴衣を持って、洋服を着て行ったが、今は家から着物を着ていく。

馴れてくると面倒ではなく、今度はどれを着ようかという楽しみが増えてくる。母がいたらどんなに喜んでくれただろうかと思う。今は母の代わりに能の家に育った八十歳の女性がアドバイザーになって、様々な着こなし方を教えてくれている。愛子先生の五十代より二十年遅れて七十代になってやっと着物に目覚めたのである。

人のアドバイスに耳を傾ける。
若い時は自然なままでもいいが、
年をとったら、お化粧、髪型など、
自分の特徴を強調する。
良きアドバイザーを見つけよう。

おしゃれの専門家との再会

昨年、思いがけない出会いがあった。その人は、私がNHKのアナウンサーであった頃、お化粧室にいた男性で、テレビに出る時に髪を整えたりお化粧してくれたりした。

化粧室の室長は、田辺《たなべ》さんという髪を紫に染めたすてきな女性で、タレントのヤッチンこと田辺靖雄《やすお》さんのお母さんであった。

まだテレビ時代に入ってそれほど経っていなかったので、お化粧さんの数も多くはなかったが、相性のいい人とそうでない人がいた。

その男性の名は岡野宏《おかのひろし》さんといい、私たちはオカチンと呼んでいた。少年の面影を残していて、その日の担当がオカチンだと、「ついてる!」と思ったものだ。こちらが好意を持っていれば、向こうも一生懸命私の良さを引き出そうとしてくれる。

着物姿の私の髪をアップにまとめてくれているオカチンの写真がある。全体を見てその日の番組や衣裳《いしょう》に合った髪の形を整えてくれた。

九年間NHKにいて、その後はゲストで出たことはあるが、三十〜四十年近く会ったことがなかった。噂は聞いていた。その道で頭角を現し、吉永小百合さんや桃井かおりさんの仕事を担当し、最近は著作にも活躍している。

中でも幻冬舎から出た『一流の顔』という本は、彼ならではの化粧室から見た政治家、作家、俳優、歌手など一流の人たちの人物評であり、鋭い観察力で面白い本になっていた。活躍が嬉しかった。

NHK文化センターでも教えていた事があって、私も二十年近く「下重暁子のエッセイ教室」を月一回やっているので、縁が近づいた。私のエッセイ教室に来ている佐藤典子《さとうのりこ》さんという老人福祉の専門家が、オカチンと親しく、彼の奥さんのやっている美容室に通っていることもわかった。


自分のためにも、人のためにもおしゃれでいたい

向こうも会いたがっていたので、NHK文化センターで何年ぶりかで再会。やっぱりプロらしく私の髪やお化粧が気になったらしい。

私もお化粧や髪については、アドバイザーが欲しいと思っていたところであった。若い時はあまり化粧せずともよく、髪もパーマをかけた事もなく自然のままにしていても見られたが、この年になってくると、それらしくおしゃれにするにはどうしたらいいのかわからなかった。

そこへオカチンと再会したのだ。私の雑誌の取材やステージなど、必要な時、声をかけてくれれば見てくれるというのだ。

嬉しかった。オカチンなら私の好みもよく知った上でアドバイスをしてくれるだろう。

最初は雑誌「ゆうゆう」の取材だった。カメラマンのスタジオで、髪をちょっといじっただけで、顔が引き立ち、お化粧からスカーフの結び方まで新鮮である。たまには、信頼出来る専門家の話を聞くものだ。納得のいく説明だと、面倒くさがりの私でも、お化粧や髪にもっと神経を遣わねばと思えてくる。

そして夏、軽井沢で「ショパンの愛と生涯」という催しものをやった。ショパンのピアノ曲と私の朗読でショパンの一生を辿るサロンコンサートには、軽井沢まで来てくれた。地唄舞の〝ゆかたざらい〟には六本木の「はん居」まで。その後も忙しいのに、時間があれば現場まで来てアドバイスしてくれる。人をきれいにするのが好きなのだろうけれど、すっかりオカチンの厚意に甘えてしまっている。

久々に今週も雑誌の撮影で、着物を着て岡野先生のアドバイスをもらう。放送局にいた時の財産が花開いた。

年をとったらおしゃれになってすてきにしている事が自分のためにも人のためにもなる。

年をとったら、
きれいな色でシンプルなものを。
くすんだ色は避けたい。
民芸調のものもかえって
年を感じさせる。
着物地を洋服にするのも考えもの。

森英恵さんに学ぶ、若々しい着こなし

若い頃は、はっきりした色より微妙な色をよく着た。くすんだグリーンや紫などの色も中身が若かったので着こなせた。しかし年を重ねると、中身が少しずつ年相応になってくるので、まとう服もくすんでいると、負の相乗効果で、ますますくすんだ印象になる。

中年過ぎになると、おばさん色のおばさん柄に頼って安心する人がいるが、とんでもない。年をとったら、若向きのシンプルなものを身につけるに限る。

私は、若い人向きの売り場でオーソドックスなシンプルなものを選ぶ。いわゆる定番ものを。

最近感心したのは、森英恵さんの着こなしである。以前から黒が多かったが、黒のスーツに若むきのシャツを中に着て、スカーフをしたりしなかったり。シャツスタイルというのはいくつでも誰にでも似合い、きりっとして見える。さすが、森さんだけあってもどるところはシンプルで定番もののシャツスタイル。私も真

似て上質の縞やチェックのシャツを中に着て衿を出してみると若々しい。人のふりをよく見ていると参考になることが多い。

スーツだけで妙に収まってしまうと年をとってみえるが、シャツと組み合わせることで生き生きしてくる。無地の場合も、黒にきれいなブルーやグリーンなどのシャツやブラウスがよく合う。森さんはすでに八十歳をゆうに越えているはずだが、シャンとして仕事を続けている女の潔さがよく表れている。

着物は着物として、洋服は洋服として着る

私は若い頃、日本の民芸の持つ美しさに惚れ、江戸から明治の古い藍木綿《あいもめん》の筒《つつ》描《が》き（祝布団やのれん等に実際使われたもの）を百点以上集めた。蒐集家として時々、私が気に入った空間（文化財の家や、歴史的建造物）に展示して見ていただく。住まいにも幾何学的な鳳凰《ほうおう》柄の布団地を屏風《びょうぶ》に、宝づくしの風呂敷を衝立《ついたて》にしたりして使っているが、全く洋風の白壁だからこそ似合う。

これが日本風民家に飾ったのでは合いすぎて面白くない。と同時に、部屋がく

すんでしまう。友人のインテリアデザイナーは年をとってきたら、民芸風なものは、くすんで汚く見えるといったが、なるほどと思わされる。

蒐集品はそのものとして、展示をして見ていただくことが大事。洋服を作ったり、バッグにしたりはしない。年輩向きの店などでは民芸調の服や、着物や日本の柄を洋服にしたものがぶら下がっているが、着てみると決して美しくはない。

若い頃は、そうした布を面白く仕立てたものも好きだったが、ある年齢から全く似合わないどころか逆効果であることに気付いた。

「着物は着物として着る。洋服は洋服として着る」が年をとってからの私のモットーである。着物は帯や帯揚げ帯締めなどのアクセサリーで、あくまで着物として変化を楽しむ。

洋服はやはり洋服生地として作られたものをきちんとした良い仕立てで着ることでこそ洋服の良さがわかる。

無理してもジョルジオ・アルマーニなどを着るのは、年をとったら仕立てや布や着こなしが物をいうからである。

女はもちろんだが男も年を重ねたらびしっと決めて欲しい。

先日外国へ出かけた麻生《あそう》外務大臣（当時）の着こなしが話題になり、ギャングなどと冷やかされたが、私は、なかなかのものだと思った。ボルサリーノの帽子に長めのコート、そして上質のウールの長いマフラー、いいものを着ていることが一目でわかる。政治家もこれくらいおしゃれして欲しい。

考え方や政策は別として、どぶねずみでなく、見せるおしゃれを久々に見た。クールビズなど、よほど上手に着こなさないとかえってだらしなく見える。

見る人を心地よくするおしゃれに
いちばん大切なのは清潔感。
人から見られているという緊張感が
その人を美しくする。
最低限の礼儀、
おしゃれには社会性が必須である。

着ることで、自分が正される服

私がシンプルに上質のものをというのは清潔感が大切だからである。年をとったら、着るものをはじめ、いつも体も清潔に保っておくこと、だんだんおしゃれも何もかもおっくうになるとラクばかり考えて、加齢臭などの問題も出てくる。

特に体が不自由になると気をつけたい。

私の母はおしゃれだったはずなのに、年をとって一人暮らしになってからは、ついラクを求め、実家にいくと、ふと加齢臭が漂っていたりして、注意するのもはばかられ困ったものだ。だんだん母の年齢に近付いてきたら、他山の石としなければならない。

私がアルマーニなどの服を着るのは、それを着るには、それなりの心構えが必要だからである。それを着て似合うためには、シャンと姿勢を保たねばならないし、下着からアクセサリーまできちんと考えねばならないからだ。

着ることで中身の私が正される、そんなおしゃれをしたいと思う。

おしゃれをしたら、それなりのところへ出てゆきたい。私の場合は仕事で人前に立たねばならぬことが多いから、人目を気にする。電車に乗っていてもひょっとして私の事を知っている人がいるかもしれないし、昔の恋人に会うことだって考えられる。

人目を気にするというのは言葉を換えれば、客観性である。人から客観的に見られて好ましい存在でありたい。

シャンとしていれば、自分も気持ちがいいし人も心地良い。

私たちは社会の中で生きているのだから、最低限の礼儀が必要である。見る人を心地よくするおしゃれ、社会性が大切なのだ。

年を重ねるほどおしゃれでいたい

その場にふさわしい格好というものもある。例えば、イタリアやドイツからの引っこし公演のオペラにはそれなりのおしゃれをしてゆきたい。だからといって訪問着や胸のあいたパーティードレスなどどんなものだろう。かえってあかぬけなく、田舎者と見られても仕方ない。さり気なく舞台の邪魔をせぬよう黒か紺、グレーなど目立たぬが上質のものを着たい。赤や黄や舞台から見て、目がそちらへ行くような色は、舞台の邪魔をする。

遊びは思いきり楽しんで、仕事の時は、雰囲気を壊さぬことに気をつけたい。先日、NHKホールで、伝統芸能祭りの解説をした。司会は竹下景子さんと男性アナ、竹下さんは着物姿だから、私も着物ではかえって重なる。今年は洋服にしたが、演目が能や狂言の場合は着物にする。

その場をイメージし、そこにいる自分のイメージトレーニングで着るものを決めたい。その場にチグハグな服装は、自分も見る人もイライラさせる。いくら自分らしくといっても、独りよがりでは、場の雰囲気全体を崩してしまう。自分のイメージ通りにうまくいった時は「やった！」という喜びがある。おしゃれは楽しくなければいけない。特に年をとってからのおしゃれは、キリッと清潔感に満ちて心地よいものでなければならない。母の一番好きだった着物を着た時には、着物の方から体に寄り添って、「いいお着物ですね」と竹下さんにほめられた。

年を重ねれば重ねるほどおしゃれでありたい。

おしゃれをすれば、人は注目してくれる。人から見られているという緊張感は、いいものである。その緊張感が人を美しくする。

俳優や歌手など人前で仕事をする人たちが美しく見えるのは、その緊張感が身についているからである。売れれば売れるほど美しくなるのは、人の目で洗われるからである。

気をつけて似合うものを身につける工夫が重なって本物以上の美しさを発揮するのである。

年を重ねて鏡の必要性を感じる。
鏡を見て、鏡に映る自分を
前後よくチェックする。
自分を客観的に見ることで
鏡からの忠告を聞く事が出来る。

鏡は遠慮なく忠告してくれる

白内障の手術をする人が増えた。私はまだだが、つれあいは、私より三つ若いにもかかわらず、五年前に受けた。片眼ずつ時間をおいてやる人、一週間のうちに両方やる人と様々だが、終わって一様に言うのは、鏡で見る自分の顔の皺《しわ》やくすみがはっきり見えて驚いたということである。同様に他人の顔や風景もはっきり見えるわけだから、つれあいも改めて私の顔を見てどう思っただろう。感想を言わなかったのは、思いやりなのか確かめなかったが。

手術は実に簡単でその日のうちに帰ってくる人も多いが、大事をとって一泊した。その病院は食事がおいしくて有名なので食いしん坊としては食べてみたかったらしい。次の日の昼食まで食べてきた。

当日見舞いに行ってみると片方眼帯しているが、窓の外には東京タワーがくっきり浮かぶ角部屋で、これなら入院も悪くはない。

眼科で聞いてみると、私は、まだ早いということで、不自由はないからそのままにしている。人によって手術の時期もいろいろらしいが、もともと近眼なので、いつもはっきり見えるわけではなく、眼鏡をかければ充分である。

鏡を見る回数は、若い時より減った気がするが、本当は年をとってからの方がゆっくりよく見た方がいい。

あまり化粧をしない方だが、年を重ねてから、他人から見て不快感のないように、人に気づかれぬよう鏡をのぞく。

鏡は常に身近にあった方が便利である。いつでも自分の姿をチェック出来るようにリビングの奥の壁面を鏡張りにした。

隣のキッチンから食事を運ぶ時、テーブルに座った姿、チラと鏡に映って、みにくい格好だと恥ずかしくなる。

評論家の桐島洋子《きりしまようこ》さんが、鏡に映った茶色いおばさんが我が身だと気づいてショックだったと昔書かれていたが、その気持ちよくわかる。

特に後ろ姿や横からの姿は日頃見なれないから、背中が曲がって来たとか、歩く姿勢がよくないとか、遠慮なく鏡は告げてくれる。その忠告に従って意識して直すようにしていると少しずつ効果が表れる。

ぜひおすすめしたい。リビングの一面は鏡張りにしよう。部屋も広く見えるし、自分の姿を客観視出来る。鏡のことを姿見と呼んだのはなるほどと納得出来る。

鏡を見て、我が身を正す

私の家は高台のマンションの三階で、東京タワーが東の窓によく見える。リビングの奥の少し黒っぽく色をかけた鏡に、そのタワーの姿が隅に浮かんで、東と西にタワーが二本あるようでなかなかよかった。

二十五帖の広さがあったので、模様替えをする時に、八帖と十七帖に分け、奥の八帖の部分を私の仕事部屋とした。壁面は作りつけの本棚にしたので鏡が小さくなり東京タワーが映らなくなった。部屋を区切るため、欅《けやき》の厚い三枚戸をつけたのだが、そこに鏡を張っておくべきだったと後悔している。

鏡に見張られている恐怖感から解放されて、椅子に座る行儀が悪くなったり、やはり鏡の必要性を感じさせられている。

私の場合、四十八歳からクラシックバレエを始め、移動式バーを持ってきて鏡の前でレッスンをしたり、全身を映すのが常になっていたから、自分の姿が見えないのは淋しくもある。

今の老人と昔の老人のちがいはといわれれば、女に関していえば、背中の曲がり方にある。家事には炊事、洗たく、庭仕事など下を向く仕事が多かったが、今はそれがない。

あの時代なぜ姿形がゆがんできたのか、それは鏡が少なかったせいもある。せいぜい鏡台くらいしかなく鏡を見て我が身を正せなかった事にあると思える。

第5章

他人への期待は
不満として返ってくる。
期待は自分にするもの。

心にしこりが残らないように、
他人に期待してはならない。
つれあいも子供も同じこと。
期待が外れると欲求不満になる。
期待は自分にするものである。

「来るものは拒まず去るものは追わず」の気持ちで

不平・不満はなぜ出てくるのか。期待が外れた時に「なぜ、どうして」と次々わいてくる。

友人・知人の場合は、信頼が大きければ大きいほど、不信感に陥る。あまり信頼を置いていない人の場合にはあきらめも早いが、そうでない場合には、長びいてしこりとなって心の奥に残る。

私の場合も、向こうから近付いてきて、いたれりつくせり気をつかってくれていたのにパタッと近寄らなくなる。そんな人が三人いた。私も心からうちとけていただけに手のひらを返したようなやり方に私に原因があったのかと反省してみるが思い当たるふしがない。今も心のどこかに引っかかっている。

よく考えてみると、彼女達の親切に知らぬ間に甘えてしまい、それが当たり前になっていたのかもしれない。その期待が見事に肩すかしを食ってしまって、「なぜ、どうして」と思ってしまったのだろう。

思い出すとあまりいい気持ちはしない。私の中の不平不満に姿を変えてしこりがとれない。もう忘れるに越した事はない。

他人に期待はしないことである。期待をしてしまったからこその結果だと自分に言いきかせる。

「来るものは拒まず去るものは追わず」の気持ちでなければ、年をとればとるほど不平不満がたまり、心の健康を害しかねない。

他人は仕方ないとして、一緒に暮らしているつれあいや子供・親はどうだろう。一般的に他人とは言わないが、自分とは違う人間という意味では、やはり他の人である。他の人に期待してはならない。

うまく応えてくれれば当然で、それがなければ不平不満でいっぱいになる。近しければ、近しいだけその不平不満は大きくなる。

期待するから欲求不満になる

子供の成績が上がって、いい学校へ入って欲しいという期待も、子供自身が望んでいなければ、それは自分の期待でしかない。それを押しつけて、うまくゆかないからといって不平不満におちこむのは、自業自得でしかない。

つれあいが自分の誕生日を忘れていたとか結婚記念日を忘れていたとか、よくそんな話を聞くが、我が家では、そんな事は全く期待しない。覚えていればそれなりに嬉しいが、忘れたからといってがっかりしない。そうしたことに重きを置いていないので、自分をしばるような結婚記念日や結婚指輪なるものは我々の間には存在しない。

それでももう一緒に暮らし始めて四十年近い。腹の立つことも文句をいいたい事もあるが、なんとかもってきたのは、お互いに期待がないからである。

期待のない夫婦なんてつまらないという方もあろう。それなら不平不満があっても仕方ない。期待しているから欲求不満になるのだ。

他人に期待することで不平不満としてはね返ってくる。

もし期待をするなら相手にではなく、自分にすべきだろう。自分にならいくら大きな期待を持ってもいい。うまくいかないのは自分自身に原因があるわけであり、結果は自分にもどってくるだけである。

欲がないというか、自分について期待せず最初から諦めている人が多い。可哀そうではないか。それでは何事も進歩せず、自分を小さくしてしまう。自分に期待することで自分が努力し、自分が進歩するための原動力となる。

他人に期待することで、欲求不満になるよりは、自分に期待をして、器を大きくする努力をしたい。

「聞く力」とは人間的余裕。
聞く耳を持とう。
話し上手は聞き上手、
年を重ねて聞き上手になる。
自分が喋るのではなく
相手に喋らせる余裕を持つことである。

年を重ねてついた、深入りしない知恵

阿川佐和子さんの『聞く力』（文春新書）が売れている。まずタイトルがいい。シンプルで、聞く事に重点が置かれ、中身が何を大切にしているかが一目でわかる。

阿川さんのテレビを見ていると、あいづちの打ち方が自然でうまい。ついのせられてしまうだろう。それも、ほんの少しの間を見つけて言葉をはさみこむ。相手の話をよく聞いているからこそ、出来るのであって、言葉に対する反射神経が鋭いのである。

自分のいいたい事だけ考えていてもよくないし、相手にのまれてしまってもよくない。インタビューというのは実に難しい。

私の体験からいくと、若い時よりも年を重ねてくると落ち着いて応対出来る。若い時は自分が前に出てしまうが、年をとると相手の話をよく聞こうという気になる。

聞く力とは、ひと言で言えば、余裕である。年を重ねることで、人間的余裕が出て来てこそである。

私でいえば、今が一番いいインタビューが出来るという気がする。相手の話をじっくり聞いてその中から的確に疑問をぶつける。そして自分の聞きたい方向に向けていく。それがごく自然に出来る気がするのだ。

気張って肩に力が入っていると出来ない。

若い時には、「それはちがう」と思うと、正面切って反対したりするが、年を重ねるとちがうと思っても、相手が何を言わんとしているかをよく見きわめて、徐々に話をほぐしていく。

けんか別れもさびしいから、少しずるいが、私はこれ以上口論しても仕方ないと思ったら話をあまり明確にせず、うやむやにしたり、ユーモアでごまかしたり……。

話題を他に振って深入りしない知恵もついてくる。

年をとったら、聞き手にまわる

自分の言いたい事だけ言って相手の話を聞かないのは前にも言ったが年をとった証拠である。老化現象の一つと思われても仕方ないから、聞き手にまわる事を自分に義務付けている。

かつて私は会話が得意ではなく、それを克服しようと喋るように心がけていたが、ある時期から、友人・知人との会話の中で喋りすぎるとつれあいに注意されるようになった。

その頃から意識して聞く側にまわるように心がけている。

『沈黙はこわくない』という本をかつて大和出版から上梓《じょうし》したことがあるが、沈黙を恐れて意味のない言葉を話すよりしっかり沈黙と向き合い、聞き手にまわると自分の話すべきことがわかってくる。

テレビやラジオの影響で間があく事を恐れる人が多い。間があかぬよう喋りつづける。アナウンサーやタレントに多いが、のべつまくなしの喋りは疲れるだけである。話すには一度、頭を通して考えてから喋ること、そのための沈黙は生きているから恐れる必要はない。こちらが黙っていれば、相手が喋ってくれる。

テレビ・ラジオのインタビュアーもなぜ若い人ばかりなのか。年をとって、余裕のある人のインタビューをじっくりと聞きたいものである。

年をとることで、心配になるのは、耳が遠くなる人が多いことである。耳が遠くなるのが衰えの一つであることが多い。例えば、先頃亡くなった小沢昭一さん。俳句の友達で月一回の句会を御一緒した。その場で俳句を作る事が多いが、映画や演劇の話など、その話題に聞き惚れ、笑い、楽しい一刻であった。二、三年前から少し耳が遠くなり、無口になられた。同じ句会の女優さんにも耳の遠くなった人がいて、そうなると聞きたくても聞くことが出来ない。身体的な衰えはどうやって防げばいいのだろうか。

自分にとって大事なものを知る。
細かいことにこだわらず、
完璧主義をやめる。
きっちりしているのはいいが、
あまり気にせず
大事なことだけにこだわりたい。
それ以外の事には目をつむる。

いいかげんさも大切

まだ五十代になったばかりの知人が脳こうそくで一週間入院していたという。久々の電話でそのことを聞いて驚いた。

ヨーロッパの古楽器の演奏家で、私も時々一緒に催しをやることがあるのだが、細身で楚々《そそ》とした人なので、なぜだろうと不思議に思った。

母と二人暮らしの自宅で倒れ、すぐ入院出来たので後遺症も残らず幸運だった。

もともと少し血圧が高くて薬を飲んでいた頃もあるのだそうだが、食事制限で最近は普通に保たれていたという。

ただ、彼女は何でもきちんとやらねば気がすまぬという完璧主義で、一生懸命やり過ぎてしまう。食事についても決めたらその通りにやる。運動をはじめ何キロ走ると決めたら毎日続ける。

遊びがないのである。そういう性格が、負担を与える。出来ないとストレスがかかる。

「まあ、いいか」「なんとかなるさ」といったいいかげんさも大切である。特に年をとったら完璧になど出来っこない。

私は子供の頃、肺門《はいもん》リンパ腺炎《せんえん》という結核で二年学校を休んだので、決して無理をしない癖がついている。途中で道草をくったり、遊んでみたり。余裕がなくなると体への負担が大きい。

彼女は何でも出来る女性なのだが、あまりに一生懸命、ゆとりがないので、人間関係でもしんどくなる事があるだろう。

同性の場合もだが、異性の場合もきゅうくつに感じることがあるかもしれない。

春には、自宅の庭にある八重桜の下でコンサートを開くのだが、今年は私も参加して何か話をするつもりでいたので、事なきを得てほんとうにほっとした。

私の高校時代の友達で、熊本に住んで小説を書いている人がいる。才能もあり、ドラマの脚本から小説で地域の同人誌の賞をとった事もあるが、この人は、文字を見てもきっちりして神経質だ。

精神的に時折不安定になり入院したり、家にもどったり、もっとのんびりかまえていればといいたいが、それが出来ないのだ。持続力があれば彼女らしい作品を生むことが出来るだろうに。

自分を制御することは一番難しい。

まずは、自分を知ることから

何でも完璧にこなせる人などいない。

もしいたら、何かを犠牲にしているだろう。自分にとって何が大事か、何がそれほど大事ではないか。その見きわめをつけて、上手にさぼることもまた大切である。

私は事務的なことは自慢ではないが、苦手である。苦手なことは、何でも自分でやろうとはせずに他人に任せている。

事務的なことを完璧にと思うとそれだけで疲れてストレスになる。したがって私をその部分で助けてくれる人が必要である。

週二、三回我が家に来てくれているK嬢のおかげで、私は仕事が出来ていると感謝している。

何を人に任せて何を自分で徹底的にやるかは自分を知ることから始まる。

自分の性格、自分の得意、不得意、自分を日頃から客観的によく見ておくと、完璧主義にはならない。

細かいことは出来るだけ気にしないがいい。細かいことにこだわっていると、大事な事が見えなくなってくる。

細かい事だけで人生が終わってしまったり、体を壊したりすることは避けたい。

自分にとって大事なものは何かがわかれば、細かい事にはこだわらなくなる。

年を重ねることは、自分を観察する時間が積み重なったことでもある。その分だけ自分の事がわからなければいけない。

「自分の性格が完璧主義なので、それを直さなければ……と思っています」

電話の向こうで古楽器を弾く彼女が言った。

脳こうそくの原因がわかったので、もともと賢明な人だけに、これからは気をつけるだろう。

言い訳をしない。人を責めない。
人のせいにしだすときりがなく、
言い訳は癖になる。
相手を許す包容力を持ち、
心を平穏に保ちたい。

「でも」「だって」は禁句

若い頃、言い訳が嫌いだった。特に仕事上で言い訳は絶対にしないと決めていた。

他の人に責任がある場合でも、電車が遅れた場合でも、すみませんとまず謝った。言い訳をすると癖になって何でも言い訳をする。

私の後輩のアナウンサーに、天気予報で埼玉県に波浪注意報を出した女性がいる。埼玉県には海はないから波浪注意報など書いてあるわけはないのだが……。後で先輩からこっぴどく叱られ、視聴者からは文句がきた。その時、彼女はこう言った。

「毎日毎日同じことのくり返しで、つい言ってしまいました」

確かに天気は晴、曇、雨、あとは注意報くらいで、聞く方は真剣に聞いていても話す方は決して面白くはない。彼女の言葉は正直な告白だったが、言い訳だと受けとられて気の毒だった。

今では笑い話として伝えられているが、彼女は失敗の多い人で、その都度言い訳に追われていたようである。

きちんとした仕事が苦手だったと見え、やがてアナウンサーをやめ、パリに渡って、シュールレアリスムの画家になった。人には様々な才能があるものである。私自身は、仕事について決して言い訳はしなかったが、他の人とはちがう彼女が面白くて責めたことはなかった。

そのせいで、今でも私がパリに行った時には会いに来てくれるし、今や美術年鑑に出ている画家になったが、会えば昔とちっとも変わってはいない。

二人に共通の友人の死を伝えた時、彼女はパリの街中で泣き出してしまい、知らない人から見たら私が泣かせたようで、困ってしまった。

自分が言い訳をしない癖をつけていると他人の言い訳は、他愛ないことと許せるようになる。

つれあいは、私に輪をかけて言い訳が嫌いである。自分の行動にも言い訳はしないかわりに、私についても厳しい。

事情があった場合に、それを言おうとしても、聞こうとしない。「でも」とか「だって」だのという女の人にあり勝ちな言い訳は、二人共嫌いだから我が家では「でも」や「だって」は禁句である。使いそうになると、ぐっと呑みこんで他の言葉に言い換えてしまう。

言い訳をしない癖をつける

言い訳をしない癖をつけていると、けんかをする事も少なくなる。物の考え方についてはちがう場合も多いので、それぞれの意見をはっきり言うが、その他の事ではけんかをする事はあまりない。

けんかも年をとってくると結構エネルギーを必要とする。後でよく考えると下らないどうでもいい原因が多いから、あまり言いつのらない。

我が家は、他の家とちがって食事は、料理好きのつれあいが作ることが多いので、うっかりけんかをすると、食事を作ってもらえないという弱みが私にはある。だから適当なところで妥協する。

それを見ていた友人が、私の方が、結構つれあいに譲って、従順に見えて驚くらしいのだが、私はもめごとが面倒なのである。

自分にとって大事な事は決して譲らないが、どうでもいい事は平気で譲る。私が自分の意見を言いつのることで、事柄が紛糾する方が面倒なのである。

それもこれも、けんかにかかずらっていると仕事が出来ない。特に最近は家で原稿を書く仕事が多いので、家の中で心を平穏に保っておかなければならない。他に大事な考え事があるわけだから、それ以外は出来るだけつっかからず、さっと流してしまうに限る。

相手の事が許せず、いつまでもひっかかっていると、自分の精神状態を平穏に保っておく事が出来ない。自分の心の中に気になる事や、人を責める気持ちがあると落ち着かない。

どうしても家の中で解決出来ない時は、一人散歩に出る。ふらふらと足の向くままに歩いて、外気に触れ、心を遊ばせるとすっかり心が新しくなり、もやもやを忘れてしまう。自分なりのストレス解消法である。

趣味はお金をかけるもの。
仕事は、プロとして報酬を得るもの。
この二つを自分の中でわきまえて
混同しない。

趣味は趣味と心得る

趣味が嵩《こう》じて仕事になるという場合がある。例えばかつての細川《ほそかわ》総理。今では陶芸家として、その才能は高く評価されている。私も初めて細川氏の作った茶陶、抹茶茶碗を日本橋の「壺中居《こちゆうきよ》」で見た時、これは本物だと唸《うな》った。手すさびに作ったものではなく、魂の入った見事な茶碗だった。

考えてみれば、細川護熙《もりひろ》氏の祖父は細川護立《もりたつ》、有名な美術愛好家として知られた人物であり、護熙氏は子供の時から、細川家に代々伝わる本物の美術品を見て育ったのだ。それが素養となって、湯河原に窯《かま》を築いて焼物を始められて、プロを凌駕《りようが》するすばらしい作品を生み出された。これは趣味ではなく、仕事そのものでいくら高値がつけられても当然だと思う。

ところが、タレントや評論家などの中に趣味で焼物を焼き、絵や書を書き、それを作品としてどんなにつまらなくとも平気で売る恥しらずが結構いる。彼らの仕事はあくまでタレントや評論家であり、それでいくらお金を得てもいいのだが、趣味の域を出ないもので、他の仕事で得た名前だけで高い値で売る事が私には許せない。趣味と仕事はあくまで分けて考えるべきだ。特別に才能があった場合のみ、仕事としてもいいが、自らを厳しく見つめた方がいい。

私は歌も好き、古美術も好き、趣味は多いが、あくまでも趣味と心得ている。

趣味は真剣に、仕事は楽しく

四十年くらい前から蒐集しているものに、藍の筒描きがある。かつて祝布団や、のれん、風呂敷など様々に使われた紺屋《こうや》の職人の美意識に惚れ、百枚以上集め、時々展覧会をする。それも文化財の建物や、筒描きの映える場所があればやる。デパートや展示館など商業スペースではやらない。

趣味だから一月《ひとつき》以上やってもお金は一銭もいただかない。そのかわり場所代もただにしてもらう。民芸の美術品だから保険だけは主催者にかけてもらうが、それだけである。開催中私が話をする機会を一、二度設けるが、これは仕事だからお金をいただく。

世に二枚とないものばかりなので、買い蒐《あつ》めるのもたいへんだった。布団のような大きいものばかり、一枚、三十〜四、五十万はする。それを地元の骨董屋《こっとうや》で見つけ、講演をしたお金では足が出ても気に入ったら潔く買った。知りあいの美術商も協力して見つけてくれた。どのくらいお金を使ったかわからない。

その話をしたら、友人の一人がこう言った。

「当たり前だよ。趣味とはお金を使うものだよ。ゴルフだって何だって趣味はお金がかかる。ほんとうに好きな事をするためにケチケチしてはいけない」

なるほど、趣味は何であろうとお金のかかるものである。だから道楽ともいう。

「趣味とはほんとうに好きなものだから仕事のように真剣に。そして仕事は趣味のように楽しく」

が私のモットーである。

趣味でお金を得ようなどとはもっての外、仕事ではお金を得ることはプロなのだから当然だが、趣味はお金を使ってこそなのである。

つれあいは、六十歳を過ぎてから、お茶を始めた。鎌倉の江戸千家のお家元に月一回通っているが、上達はともかく、楽しんでほとんど休むことなく、茶を通じて美術品にも興味を持っている。道具を見る目も出来、着物や袴も作って、家でも時々茶をたててくれる。

花は全くの我流だが、私が買っておいた花器や皿を上手に使い、センスのいい花を生ける。和花の店「花長」の御主人の教えも乞い、我が家には花が絶えない。

この人にこんな趣味と才能があったかと、今頃になって発見があった。

第6章

この世に生を
享《う》けた時も死ぬ時も一人。
一人に戻っていく過程を、
私は楽しみたい。

出来るところから行動しよう。
やるべきことは永遠にある。
いくつになっても。
時間の方が足りない。
やるべきことは誰も与えてはくれない。
自分で見つけなければ……。

自分を育ててくれた社会にお返ししたい

やることがないという人の話を聞くと内心腹が立ってくる。やるべきことは、いくらでもまわりにころがっている。それを見つける目がないだけだ。自分で何かしようという意欲がなく、ただ漠然と生きている。器量がよくなるわけがない。

なぜ見つけることが出来ないのか。

いつも自分から発することがなく、誰かがしてくれる、受け身の人生を送ってきていれば急にやることを見つけようと思っても難しい。

いつまで生きるかはわからないが、私の場合、時間が足りなくて仕方ない。何もすることがない人の時間を出来るものなら借りたいくらいだ。

物書きとして、自分なりに納得の出来るものを書かねばならぬ。これは永遠に続く。しなければならない事としたい事。それだけで手一杯であるが、新たに加わったのが社会還元である。

今までに実に多くの人や事柄に世話になって私が成長してきたのであるが、その分お返しをどこかでしておかねばならない。

六年間、特殊法人であった日本自転車振興会の会長を引き受けたのも、その思いがあったからだ。その後、公益財団法人ＪＫＡと名前を変えるが、公営競技の競輪で上がってきたお金の一部を社会還元する仕事であり、そこが魅力でもあった。組織は苦手であるが、今までとちがった社会貢献が出来るのではないか。福祉やスポーツへの還元はそれまでもやってはいたが、後まわしになるのが文化である。私はこれまで文化に携わる仕事をしてきたし、文化は票にならぬとばかり、政治でも一番後まわしの現状を見てきた。

それを変えるにはどうしたらいいか。劇団四季やオーケストラの青少年育成のための補助金や東京映画祭の後援などはすでにやっていたが、人に気付かれにくく、大切な部分のお手伝いが出来ないかと考えた。

まず行動を始める

ある日、脚本家の市川森一《いちかわしんいち》氏が訪ねて来た。住まいは偶然同じマンションで以前からよく知っていたのだが、彼曰わく、放送が始まって、TVだけで六十年もの歴史があるというのに、その間の脚本やスクリプトは大事に保存されていない。特に初期のものは、紛失してしまって探しようもなく、今残っているものだけでもアーカイブをつくりたい。そのための補助金が出ないかということで、規定通り振興会へ要請を出してもらい、次の年に補助金を出すことが出来、無事アーカイブが江戸東京博物館の中に出来上がった。残念ながら市川さんは亡くなってしまったが、山田太一さんがその後を継いでいる。

TBSのドラマのプロデューサーとして有名な大山勝美《おおやまかつみ》さんら数人が訪ねて来て、日中韓で持ちまわりでTVドラマの祭典をやりたいが中韓は国から金が出るが、日本の国からはお金が出ないとの事で、少しではあるがお手伝いをすることが出来た。大山さん亡き今でもそれは続いているようだ。

遅まきながら、私も、自分の生きてきた道に恩がえしが出来たような気がした。

それがきっかけになり、組織をやめてからも個人として出来る社会還元をといつも心がけ、3・11や原発問題にもかかわっている。

例えば細川元総理は、同志をつのって、被災地に堤防をつくり植樹を続けている。

小泉進次郎氏は毎月十一日には必ず、同志を誘って被災地に向かい、その土地の人々の話を聞く。どんなに忙しくても、やると決めたら出来るのだ。

出来るところからでいい。まず行動を始めること。その中から様々なことが見えてくるはずである。やることがないなんて絶対に言わせない。

反論も反発もできる気概を持ちたい。
同調は簡単だが、反論は難しい。
いつまでも人の話に反応し、
反論も反発もできる自分でいたい。

憧れの叔母

私が若い頃、憧れていた叔母も、九十近くになり藤沢にある施設に入った。つい先日まで、大井町にある二百坪近い敷地の家に一人住まいだったが。

ほんとうは、梅が咲き、こぶしが咲き、桜、つつじと季節の移り変わりを楽しみにしていたのだが、さすがに一人暮らしは何が起きるかわからず、施設に入った。この叔母は、母の弟の妻にあたる。その叔父が学徒出陣するための面会日に母に連れられていってみると清楚《せいそ》で美しい女学生が来ていた。叔父が帰還して、結婚するのだが、農業大学の女子一期生としてのキャリアを生かし、雑誌の副編集長をした後、会社卒業後も方々に講演に出かけていた。キャリアウーマンのはしりであり、派手ではないが、おしゃれで美しく、心の奥で尊敬していた。

叔父が五年前に亡くなり、一人になってからは、学者だった叔父の原稿や仕事の整理をし、新潟にある古い家を整理し、時々体調を崩してはいるが、まあまあ元気である。出来るだけ電話をするようにしているが、忙しさにまぎれてしまう

ことも ある。電話での応対でだいたい彼女の様子を知ることが出来る。喋っている間に「ハイ」と最初に電話に出た時は低い声で元気なく思っても、徐々に高揚してくる。私の話に反応し、「だけど暁子さん……」とくるとしめたものである。自分の意見を述べて、私をたじたじとさせる。まいったと思いながら安心する。まだまだ元気だと。

頭のいい人なので理路整然としていて、私がやっつけられる。私の仕事についても、地味でもほんとうに大切な仕事をしなさいと戒められる。放送局から始まった私の仕事は、彼女から見たら浮草に見えるのかもしれない。

どこにいても、誰といても一人生きる気概を

叔父と私の母の母、つまり、私の祖母は、黙々と福祉につくし、紺綬褒章《こんじゅほうしょう》をもらった人なので、「暁子さん、テレビに出てるわよ」と近所の人に言われても見ようともせず、「あんな仕事ではなく、学者か医者になればいいのに」と言っていたという。

私にしたら、叔母も九十近くなるのだし、私にとっての大切な人だからもう少し甘えてくれてもいいのにと思うのだが、そんなところはとんと見当たらない。「可愛くないんだから」と時々言ってみるが、私自身も内心はいつまでも可愛くない叔母であった方が安心である。

しっかりして私がやりこめられるくらいなら安心である。

施設に入っていても、一人で生きる気持ちが強い人だから、まだまだ大丈夫。相談もなく、さっさと一人で決めて入ってしまったのだから。

問題はどこにいても、誰といても一人生きる気概を持っているかどうかである。人間としての誇りであり、私もそのようにありたいと思う。

叔父の学問上の弟子や大学の教え子などが叔母を気遣って何かと手伝ってくれるようだが、藤沢に移ってからは、東京にいる時のようにしょっちゅう行くことがなくなったようだ。

藤沢は東京から近くはあるが、やはり都心にいた時とはちがう。せめて電話をかけて、可愛くない叔母と話をし、その気概を確かめることがつとめであったが、二年前に亡くなってしまった。

経験こそが知恵の宝庫。
御隠居とは経験を重ねた知恵者。
生きてきた経験をどう役立てるか。
年をとって自分の存在意義が
試されるのだ。

いるだけで存在感があった御隠居さん

NHKの「ラジオ深夜便」をおききになったことがあるだろうか。AMの第一放送で、午後十一時十五分から早朝五時まで（祝日は十一時十分から）、キャスターは生放送で、中に入るコーナーは録音が入る人気番組である。

きき手は高齢者が多いのは当然だがキャスター（アンカーと番組では呼んでいる）も現役から元NHKアナという人達で、私の先輩や後輩がやっている。さすがに今は先輩はいなくなったが……。

「深夜便」という命名がいい。そしてコーナーもキャスターの特徴や出演者に合ったものが選ばれている。

「天野祐吉《あまのゆうきち》の隠居大学」もその一つであった。天野祐吉さんは御存知のコラムニスト。「広告批評」の編集長だった人である。私が日本自転車振興会（現JKA）の会長時代は、御意見番として、競輪のCFをアドバイスしていただき、「タグボート」の制作で広告界で一番大きなACC賞を受賞することが出来た。

「勝つのは誰だ。勝負とは何だ」という名コピーが生まれた。

その天野さんの隠居大学にゲスト出演することになった。スタジオにお客さんを入れた公開放送で、四十〜五十分近く天野さんと話をする。

「隠居大学」とはよくぞ名付けたと思うが、今の時代の隠居とはどういうものか。かつて明治から昭和、少なくとも戦前まで「御隠居さん」なるものが存在した。隠居というから隠れて居るかといえばとんでもない。存在感が強かった。

江戸期の横町の御隠居さんは、横町全体を仕切る相談役のようなもので、熊さん八つぁんという横町に住む物を知らない長屋の衆は困ることがあるとまず親がわりのような御隠居さんのところへ聞きに行く。御隠居さんはじっと家にいればいい。それだけで沢山の人がやってくる。

御隠居さんはいるだけで存在感があったのだ。落語「寝床」の御隠居さんは、横町の衆を集めては、下手な義太夫を御馳走《ごちそう》つきで聞かせていた。

御隠居さんはなぜ尊敬されたか。そのあたりで一番の高齢者なので経験豊富である。その経験こそが知恵の豊庫であるはずなのだ。

職場や家庭という枠組みから自由に

最近は、みな長生きになったせいか、ただ年をとったからといって誰も尊敬しなくなった。存在価値を認められなくなったのである。

従って、経験が若い人の参考になったり目標になるように自ら努力して生きなければならない。年をとるのもラクではない。気楽な御隠居とはいかなくなったのである。

老人もまたその生き方を試されている。天野さんは御隠居という言葉に自由になるという意味を託している。

今までのような職場や家庭という枠組みの中から自由になって、自分らしい人生を送って欲しいという意味をこめての事だと思う。

天野さんとの接点はいくつかあるが、ずいぶん前に台湾に御一緒したことがある。山本コウタローさんも一緒だったことはすっかり私が忘れていた。そして二人共忘れていたのは、何をしに行ったのかという事である。いくら思い出そうとしても、台湾の下町、屋台のようなところを夜歩いた記憶しかなく、何か目的があったのかなかったのか……。

話は、私の以前書いた『不良老年のすすめ』から、「恋をしよう」「肩書を外そう」など枠から外れることを中心に話がはずんだ。不良老年というのは自由な人という意味だから不良老年＝隠居という事にもなるだろうか。

隠居しても、いや隠居になってこそ、経験を生かして社会のお役に立ちたいものである。

年を重ねることは一人になること。
人はどこから来てどこへ行くのか。
生まれてくる時も一人、逝く時も一人。
孤独に身を置いて一人を楽しみたい。

年をとると減るもの。持ち時間、体力、お金

年を重ねることは一人になることだ。私はそれを個性的になることと呼んでいる。一人になるから、いやおうなく個性的にならざるを得ない。若い頃持っていたものはすべて減ってくる。

第一に持ち時間。これは知らぬ間に減っている。いくら長生きの時代になったとしても、九十歳か百歳か、それまでと思った方がいい。

二番目に体力。若い頃の力の三分の一いや五分の一と思ってもいい。私の場合よく飲んでいたお酒が飲めなくなった。NHK時代、寮の名をとって「荒田のおろち」と渾名《あだな》された頃、女流酒豪番付で前頭二、三枚目を張っていた頃、今は昔である。

もう一つはお金。若い頃は、仕事をすれば、それだけお金が入って来た。朝北海道に居て夜九州で講演などというスケジュールもへっちゃらだった。

今は頭では出来ても体がついていかない。年齢に合ったほどほどの仕事量しか

出来ない。無理は禁物。もとへ戻るには、時間がかかるから、ほんとうにしたい仕事やしなければならぬもの以外は引き受けない。それに従った収入になるのも当然である。

三つとも減ってくるから、自分で出来るものを選ぶ。個性的にならざるを得ない。

昨年亡くなった小沢昭一さんは、年をとって減るのは友達だといっていた。長生きして気がつくと、みな友達は死んで一人になっている。それはいやだと常日頃言っていて、さっさと先に逝ってしまった。晩年は奥様と二人で遊ぶのが楽しいといって、ダービーの行われた東京競馬場で御一緒し、三連単の大当たりの日も、「かあちゃんに大福買って帰ろう」といって帰られた。

一人に戻っていく過程を楽しみたい

まわりの人が減り、特に親しい友人が減る事は辛い。私の父母は亡くなって二十年以上、兄も五年以上前に死に、お世話になった暉峻康隆先生や大島《おおしま》渚《なぎさ》監督、立川談志《たてかわだんし》師匠や岩城宏之《いわきひろゆき》マエストロ、年を重ねるにつれその速度と数が増してくる。

恩師の暉峻康隆先生は九十三歳まで生きられたが、年をとると、人が死んでも淋しいと感じなくなるといわれていた。淋しがってなぞいられない。やがて自分の番なのだから。それまでにライフワークの『季語辞典』一千枚を書くことに精魂こめていらした。あとは作句と、大好きなお酒のための時間だった。

人はどこから来てどこへ行くのか。この世に生を享けた時もたった一人なら死ぬ時も一人である。どんなに親しくとも道づれとはいかない。

その一人に戻っていく過程を私は楽しみたいと思う。もともと一人だったのだから一人に耐えられぬわけはない。

私は子供の頃、結核で二年間学校に行かず、一人で家で寝ていたから、比較的孤独には馴れている。

一人で退屈することもあまりなく、一人遊びが得意だった。

気の向くまま足の向くまま散歩に出かけ、家では本を読んでいれば幸せだった。

幸い読書力も落ちてはいず、年をとっても本と音楽さえあれば充分に幸せだろう。そのためには耳と目だけはあまり衰えてもらっては困る。一人でぼんやり夕暮れ時好きな椅子に座って考え事をしている時間も奪われたくない。

老人の孤独死などが話題にのぼる。はた目には確かに一人住まいで死んでいく孤独は悲惨に見えるが、本人は案外、孤独の中でいつか来た道を淡々と歩いていっただけかもしれない。

人生は無駄や道草が大切。
「遊び」をせんとや生まれけむ。
人生の遊びとは余裕のこと。
無駄や道草もまた楽し。
真剣に遊びたい。

仕事を楽しむのが一番の幸せ

ＮＨＫの大河ドラマ「平清盛」は決して好評とはいえなかった。しかしその中で何回もくり返し歌われる、今様《いまよう》の「遊びをせんとや生まれけむ」という言葉は深く心に残った。

私は「仕事は趣味のように楽しく、趣味は仕事のように真剣に」と常日頃から言っていて、その境目はあまりなく、仕事も楽しむのが一番幸せだと思っているから苦にはならない。逆に趣味はほんとうに好きなら真剣にならざるを得ない。

私の師である暉峻先生は、江戸の西鶴や芭蕉《ばしよう》の専門家だが、最後まで楽しまれたのが「桐雨」という俳号の俳句だった。

小沢昭一さんも晩年は三つの句会を大切にして俳句を詠《よ》み、亡くなって岩波書店から『俳句で綴《つづ》る　変哲半生記』と作ったすべての句を一冊の本に編んだ。変哲は俳号である。たぶん、俳句は小沢さんにとって最後の遊びであり、真剣にとり組んだ仕事だったのだろう。

私は小沢さんと二つの句会で御一緒した。一つは「話の特集句会」かれこれ四十年近く月一回集まって遊んでいる。和田誠、吉行和子、冨士眞奈美、黒柳徹子、亡くなった句友には、岩城宏之、渥美清、岸田今日子、山本直純《なおずみ》、小沢昭一など、沢山のユニークな人が集まっていた。

もう一つは「東京やなぎ句会」こちらは女人禁制で、永六輔、入船亭扇橋《いりふねていせんきよう》、柳家小三治《こさんじ》、矢野誠一、大西信行、加藤武、小沢昭一など、毎月十七日と決まっている。時々ゲストとして呼ばれて句を作るのが楽しかった。皆個性的な人ばかり。先生は居ない。互選でそれぞれの感覚を大切に遊んでいる。

話の特集句会の会場に向かうある日、最寄駅からの途中の公園で、小沢さんを見かけた。藤棚の下で一人たばこを喫《す》っている。よほど声をかけようかと思ったが闇に浮かぶその後ろ姿が孤独だがむしろ楽しそうで、黙って通り過ぎた。

最後まで俳句で遊びたい

この数年私も俳句にとりつかれてきた。もともと五七五の短い詩型で切りとることが好きだが、だんだん本気になり、ついに『この一句—108人の俳人たち—』という本を二〇一三年三月、大和書房より上梓した。

芭蕉から現代の長谷川櫂《かい》、さらに御一緒に俳句を作った暉峻先生、小沢さん、岸田今日子さんなど。時代の流れの中で好きな俳句をとらえてみた。

連句から始まり、発句《ほっく》が俳句として独立するまで、そして、子規や虚子の時代から戦中戦後、その苛酷な時代をバックに、俳人たちの検挙も相次ぎ、戦いの中での俳人たちの反骨精神に心うたれた。

楽しみながら、私自身の勉強にもなり、仕事ながら「遊びをせんとや」にぴったりであった。

俳句というと、結社という言葉に見られるように一人の先生のもとに弟子が集まる構図があるが、そういう枠にとらわれず自由な立場で純粋に好きな俳句だけを選べる楽しさ、やっと本が出来上がって一人でも多くの人に俳句で遊んで欲しいと思っている。

本の帯は、俳人協会会長の鷹羽《たかは》狩行《しゆぎよう》氏が書いて下さったが、「芭蕉から現代まで、一人三句で綴る俳句史である。その選択たるや快刀乱麻、天下無敵。これまで縁のなかった人にも、その扉を開く楽しみを与えてくれる一冊である」とあった。

快刀乱麻、天下無敵とは、素人《しろうと》であるからこそ、枠やしがらみにとらわれずに出来たこと。プロの俳人ではないからこそ、最後まで俳句で遊びたいと思っている。

私らしくあることが一番ラク。
年をとると生の自分が出てくる。
隠したくても隠せない。
鎧《よろい》を脱いで、
あとは素《す》の自分で勝負するしかない。

かっこつけて、がんじがらめだった自分

若い時は、鎧を何枚も着ていた。素の自分を見られたくなくて、ええかっこしいであった。

その最たるものは、早稲田に入った時である。黒田夏子さんと同級生の国語国文学科。面接がありこういわれた。

「あなたは大隈奨学金を受ける権利があります。どうしますか」

大隈奨学金は、大隈重信《おおくましげのぶ》ゆかりの大学から出ている奨学金で、返却の必要のないものであるくらいは、私も知っていた。

私の家は、父が陸軍の将校で戦後追放になり公職にはつけず、民間では、武士の商法で、まるで通用しない人だったから、経済的にたいへんで、私も家庭教師のアルバイトに追われていた。のどから手が出るほどほしい奨学金だったはずなのに、私はこう返事をしていた。

「私より困っている学生がいると思いますから、けっこうです」

かっこつけていやらしい。今の私ならそう思うし、ありがたくいただくにちがいない。

それもこれも素の自分を悟られたくなくて、こちこちに鎧を着ていた。なぜそんな格好をつけたかったのか。

「武士は食わねど高楊枝《たかようじ》」

といった余分な誇り高さに身を委ね、それでやっと自分の姿勢を保っていたのかもしれない。

若い時はえてして、そういうものだが、私の場合度を過ぎていた。

その鎧のためにがんじがらめになり、他人とうまくつき合うことが出来なかった。子供の頃学校にも行かず家で寝ていて、同じ年頃の子と遊ぶすべをしらず、大人としかつき合わなかった……そこは黒田夏子さんと同じなのである。

今は、素でいることが心地よい

社会に出て人と接するうちに、一枚ずつようやく鎧を脱ぐことが出来て、物を書く仕事を重ねるにつれ、自分の内側を掘り進み、一つ一つ物事と直面し、解決していくうちに、ほんとうの自分を見せる事が出来るようになった。人みしりでひっこみ思案の性格が徐々に衣を脱ぐことを覚え、ラクになってきた。

今では素でいる事が心地よく、自分を隠そう、よく見せようという気取りがなくなった。それにつれて友達も増えてきた。

素で勝負するというのは、自信が出来たということ。私らしくあることが一番ラクであることをも知った。

とはいえ、奥の奥に潜む私自身は、まだ誰にも覚《さと》られてはいない。

年を重ねると、だんだん面倒になって自分を隠すことが少なくなる。いやでも素の自分が出てしまうからこそ、素の自分を育てておかねばならない。

素の自分に魅力がなければ、所詮それまで。年をとることは苛酷である。

奥の奥に隠したものは滲み出てくるから怖い。隠し通すことは出来ない。

「人は見かけによらない」というけれど、それは見る側のこちら側に見る目がないだけで、いかに上手に隠しているつもりでも、見る目さえあれば、お見通し。

したがって「人は見かけによる」のである。長年人を見てきていくら隠されても、その内側が見えるようになってきた。

テレビやラジオのインタビュー番組を見ていて感じることがある。なぜあんなに表側のことしか聞かないのか。素の自分をぶつければ、もっと本音を引き出すことが出来る。

素の自分をぶつける事が出来れば怖いものはない。

柩《ひつぎ》を覆う日、どんな顔をしているか。
自分で見ることは出来ないが、
一番その人らしくありたい。
死への道標《みちしるべ》は自分の来た道を
辿《たど》ることに始まる。

死ぬ時ほど、生き方があらわれる

「白露や死んでゆく日も帯締めて」

これは大正から昭和にかけて活躍した三橋鷹女《みつはしたかじょ》の句である。

私はこの句が大好きで、女性俳人の中で鷹女が一番好きである。女性の句は男性の句とちがってため息のごとく、感情が滲み出てくる。男性の句のように頭で考えた理の句とはちがって、むしろ生理的、肉体的といっていい。それはそれで特徴なのだが、私自身はそういう句が好きになれない。そんな中で鷹女の句は誇り高く、死ぬ日も帯しめてという姿勢の感じとれる句である。死ぬ時ほどその人の生き方が表れる事はない。

死に方は生き方である。西行《さいぎよう》の歌を持ち出すまでもない。

「願わくば花の下にて春死なんその如月《きさらぎ》の望月のころ」

桜の下で満月の夜に死にたいというところに、西行の美意識、生き方があらわれている。人はこう死にたいと願えば、そこに到るように生きようとする。

私の母の命日は三月十八日、自分の母と同じ日だ。それは母が福祉につくし仏の道を信じて生きた自分の母（私の祖母）を尊敬し、そう生きる努力をしてきたからこそ、同じ日に死ねたのだ。自分の死に方を考えたり願ったりした事のない人は決してそうはいかない。願い努力していたからこそ、うまく死ぬことが出来たのだ。

死は生の集大成と思えばうかうか生きてはいられない。特にある年代に達し一歩一歩死に向かって進んでいる事を自覚してからは「こう死にたい」という自分なりのイメージを持っていたい。

私は夕暮れ時、夕焼けが薄墨色《うすずみいろ》に沈まり、ある瞬間ふっと闇に変わる。その時に向こう側の世界に足をふみ入れたい。うまくいくかどうか。闇に変わる瞬間を観察しつづけているが、ふっと目を離した隙に闇になっている。

私は暁に生まれた。闇が光に変わる瞬間にこの世に来たのだ。だからこそ、光が失せ闇になる瞬間に旅立ちたい。

私の来た道を辿る

どうやって私は闇をくぐりぬけ光の世界に来たのか。母の胎内は暗黒の世界だったはずだ。十カ月経ってこの世の光を浴びた。その過程を辿れば、これから私が帰っていくための道も想像出来るかもしれぬ。

生まれたのは宇都宮だが、私が母の胎内に宿ったのは、旅順《りよじゆん》である。軍人の父の赴任地旅順と母の生地新潟県の高田との間を結ぶ百通を超す手紙のやりとりの末、母は旅順に渡り、父と結ばれ、私が宿った。だから、どうしても旅順に行ってみなければならなかった。

ずっと希望していたら、二〇一一年十一月、日本ペンクラブと中国とで毎年行っている交流で、五人の物書きの団長として中国の北京、上海を訪問。さらに私の希望で旅順に行くことになった。

私に旅順の記憶はない。しかし記憶より鮮明な絵がある。アカシア並木に沿った見事な煉瓦塀、その奥にある官舎、そこが私の生命が宿った場所である。「旅順市司台町陸軍官舎第六号」当時の住所を持って行き、中国の作家に探してもらった。

私の父は画描き志望で、やむなく軍人になったので、家には父が描いた油彩や水彩の旅順が何枚もあった。

アカシア並木と煉瓦塀、そして白系ロシア人の街、官舎の中のまるでアトリエの父の書斎……、その場所を探しあてた。「軍人浴池」というヘルスセンター風の新しい建物が出来ていてがっかりしていると、管理人が後ろに崩れかけた三棟の官舎があるという。父の絵そのままだった。私の命はそこで宿り、日の目を見た。そこから私の来た道を辿ることこそ、死への道標になるにちがいない。

文庫版あとがき――人のふり見て……

この本を上梓《じようし》した時は、七十七歳であったらしい。世の中では喜寿と呼ぶそうだが、本人には、とんと自覚がない。三年経《た》って文庫化する事になったが、ますます年齢を意識できないでいる。外から与えられた年齢で、自分ではそう思っていないものなど自分の年齢なのだろうか。

老という字は、かつては一種尊敬を持って受けとられていた。江戸時代、横町の御隠居さんは、町内の御意見番であり、熊さん八《はっ》つぁんなど長屋の衆が教えを乞う存在だった。長老という言葉も、その世界で道を極めた人の事で、レジェンドとして尊敬のまなざしを持って接する存在だった。

それがいつの間にか高齢者が増えることで、年を重ねることで大事にされることも尊敬されることもなくなってきた。

第一老人本人にその意識がないのだから……。

しかし本人は気付かずとも、傍《はた》から見れば老いを感じさせる行動が増えていないとはいえない。その間のギャップを考えてみると自分だけ若いつもりでも、傍から見るとちがう事もあるだろう。客観的に自分を見るゆとりがなくなったら、これも老いの一つの特徴かもしれない。自分を客観視して観察した結果、大丈夫と納得出来るかどうか。

人のふり見てわがふり直せという。

それが必須の条件となる。自分の事には気付かずとも、他人を見ているとよくわかる。自分も同じことをやってはいないか。

最初に気付いたのは電話だった。本文にも書いたが、自分のいいたい事だけ言ったらさっさと切る。教養のある人もない人も同じ、もう一拍置いて相手の言葉を待つ事がどうして出来ないのだろう。勝手に切られた相手は、ただ呆然《ぼうぜん》。あいさつの時間もない。失礼な事この上ないはずだが、本人は気付いていない。

残り時間が減ってきたからといって、これではあまりに侘《わび》しい。高齢者が増えれば増えたで、それなりのエチケットが必要だ。現実は先を行っているのに、お互い気持ちよく生きるための方法が追いついていない。

そこでいくつか具体例をあげて、人のふり見て私が日頃痛感することどもを考えてみることにした。「老い」というイメージを、かつての様に良い意味にとり戻すために。

「老いの覚悟」「老いの戒め」と「老い」のつく題名が続いたが、出版社の社長の「一度老いと正面から向き合ってみろ」という言葉に従ったが、今から先は、そのまっただ中（本人の意識とは別に）を通り過ぎ、もっと真剣におもしろおかしく老いをふり返り、……老いをつきぬけて、九十、百と齢《よわい》を重ねた先輩に追いつきたい。

二〇一六年五月二十三日

下重暁子

本書は、二〇一三年六月、書き下ろし単行本として海竜社より刊行されました。

本文デザイン　坂川事務所

下重暁子の本

不良老年のすすめ

自分を縛るものから逃れた老年期。権力や名声ではなく、今こそ、粋でカッコよく、恋もしたい。人生最後の生き方の極意は何にもとらわれない不良になることだ！　明るい老いへの提言。

下重暁子の本

「ふたり暮らし」を楽しむ

不良老年のすすめ

〝粗大ゴミ〟と夫を避けるのではなく、家事や趣味を通して遊びに誘いこもう。お互いを尊重し別行動だった夫婦が、向き合って残り少ない大切な時間を楽しむ実践的エッセイ。

集英社文庫

集英社文庫　目録（日本文学）

島田雅彦　自由死刑
島田雅彦　カオスの娘
島田洋七　がばいばあちゃん　佐賀から広島へ めざせ甲子園
島村洋子　恋愛のすべて。
島本理生　よだかの片想い
志水辰夫　あした蜉蝣《かげろう》の旅(上)(下)
志水辰夫　生きいそぎ
志水辰夫　みのたけの春
清水義範　偽史日本伝
清水義範　迷宮
清水義範　開国ニッポン
清水義範　日本語の乱れ
清水義範　新アラビアンナイト
清水義範　イマジン
清水義範　夫婦で行くイスラムの国々
清水義範　龍馬の船
清水義範　シミズ式 目からウロコの世界史物語
清水義範　信長の女
清水義範　夫婦で行くイタリア歴史の街々
清水義範　会津春秋
清水義範　夫婦で行くバルカンの国々
清水義範　ifの幕末
清水義範　夫婦で行く旅の食日記　世界あちこち味巡り
下重暁子　鋼《はがね》の人《ひと》　最後の瞽女《ごぜ》・小林ハル
下重暁子　不良老年のすすめ
下重暁子　「ふたり暮らし」を楽しむ　不良老年のすすめ
下重暁子　老いの戒め
下川香苗　はつこい
朱川湊人　水銀虫
朱川湊人　鏡の偽乙女　薄紅雪華紋様《うすべにせっかもんよう》
小路幸也　東京バンドワゴン
小路幸也　シー・ラブズ・ユー　東京バンドワゴン
小路幸也　スタンド・バイ・ミー　東京バンドワゴン
小路幸也　マイ・ブルー・ヘブン　東京バンドワゴン
小路幸也　オール・マイ・ラビング　東京バンドワゴン
小路幸也　オブ・ラ・ディ オブ・ラ・ダ　東京バンドワゴン
小路幸也　レディ・マドンナ　東京バンドワゴン
小路幸也　フロム・ミー・トゥ・ユー　東京バンドワゴン
小路幸也　オール・ユー・ニード・イズ・ラブ　東京バンドワゴン
白河三兎　私を知らないで
白河三兎　もしもし、還る。
白河三兎　十五歳の課外授業
白澤卓二　100歳までずっと若く生きる食べ方
城山三郎　臨3311に乗れ
辛永清　安閑園の食卓　私の台南物語
辛酸なめ子　消費セラピー
新庄耕　狭小邸宅
神埜明美　相棒はドM刑事《デカ》　～女刑事・海月の受難～

集英社文庫　目録（日本文学）

神埜明美　相棒はドM刑事《デカ》2　〜事件はいつもアブノーマル〜
真保裕一　ボーダーライン
真保裕一　誘拐の果実(上)(下)
真保裕一　エーゲ海の頂に立つ
真保裕一　猫背の虎　大江戸動乱始末
周防柳　八月の青い蝶
周防正行　シコふんじゃった。
杉本苑子　春日局
杉森久英　天皇の料理番(上)(下)
鈴木遥　ミドリさんとカラクリ屋敷
瀬尾まいこ　おしまいのデート
瀬川貴次　波に舞ふ舞ふ　平清盛
瀬川貴次　ばけもの好む中将　平安不思議めぐり
瀬川貴次　闇に歌えば　文化庁特殊文化財課事件ファイル
瀬川貴次　ばけもの好む中将　弐　姑獲鳥《うぶめ》と牛鬼
瀬川貴次　ばけもの好む中将　参　天狗の神隠し
瀬川貴次　ばけもの好む中将　四　踊る大菩薩寺院
瀬川貴次　暗夜鬼譚　春宵白梅花《しゅんしょうはくばいか》
関川夏央　石ころだって役に立つ
関川夏央　「世界」とはいやなものである　東アジア現代史の旅
関川夏央　現代短歌そのこころみ
関川夏央　女流　林芙美子と有吉佐和子
関川夏央　おじさんはなぜ時代小説が好きか
関口尚　プリズムの夏
関口尚　君に舞い降りる白
関口尚　空をつかむまで
関口尚　ナツイロ
関口尚　はとの神様
瀬戸内寂聴　私小説
瀬戸内寂聴　女人源氏物語　全5巻
瀬戸内寂聴　あきらめない人生
瀬戸内寂聴　愛のまわりに
瀬戸内寂聴　寂聴　生きる知恵
瀬戸内寂聴　一筋の道
瀬戸内寂聴　寂庵浄福
瀬戸内寂聴　寂聴巡礼
瀬戸内寂聴　晴美と寂聴のすべて1　(一九二二〜一九七五年)
瀬戸内寂聴　晴美と寂聴のすべて2　(一九七六〜一九九八年)
瀬戸内寂聴　わたしの源氏物語
瀬戸内寂聴　寂聴源氏塾
瀬戸内寂聴　寂聴仏教塾
瀬戸内寂聴　まだもっと、もっと　晴美と寂聴のすべて・続
瀬戸内寂聴　わたしの蜻蛉日記
瀬戸内寂聴　寂聴辻説法
瀬戸内寂聴　ひとりでも生きられる
曽野綾子　アラブのこころ
曽野綾子　人びとの中の私
曽野綾子　辛うじて「私」である日々

集英社文庫

老《お》いの戒《いまし》め

2016年7月25日　第1刷　定価はカバーに表示してあります。

著　者　下重暁子《しもじゅうあきこ》

発行者　村田登志江

発行所　株式会社　集英社
東京都千代田区一ツ橋2-5-10　〒101-8050
電話　【編集部】03-3230-6095
【読者係】03-3230-6080
【販売部】03-3230-6393（書店専用）

印　刷　株式会社 廣済堂

製　本　株式会社 廣済堂

フォーマットデザイン　アリヤマデザインストア　マークデザイン　居山浩二

ISBN978-4-08-745469-7 C0195